Pierre Stutz

ALLTAGSRITUALE

PIERRE STUTZ

ALLTAGS RITUALE

WEGE ZUR INNEREN QUELLE

Mit einem Vorwort von
P. Anselm Grün

KÖSEL

ISBN 3-466-36494-9
© 1998 by Kösel-Verlag GmbH & Co., München
Printed in Germany. Alle Rechte vorbehalten
Druck und Bindung: Kösel, Kempten
Umschlag: Kaselow Design, München
Umschlagmotiv: © Japack/Bavaria, Gauting

6 · 02 01 00

Gedruckt auf umweltfreundlich hergestelltem Werkdruckpapier
(säurefrei und chlorfrei gebleicht)

INHALT

WEG-GEDANKEN

Dass wir Menschen uns all-täglich zum Guten verwandeln lassen können, bleibt die große Menschheitshoffnung, die uns mit allen Kulturen und Religionen verbindet. Eine Hoffnung, die es neu zu buchstabieren gilt angesichts der Spirale der Gewalt und der Ausbeutung, die wir nicht nur beim Zeitungslesen, sondern auch in uns selber entdecken. Neue lebensbejahende Formen der Spiritualität sind darum notwendig, um in uns selber die göttliche Quelle zu entdecken, die uns heilend-befreiend belebt. Es geht darum, einen Weg nach innen zu finden, um dadurch glaub-würdiger mit Rückgrat an einer solidarischeren Welt mitzugestalten. Zu sich selber finden heißt in der jüdisch-christlichen Suchbewegung, in seinen Fähigkeiten und Grenzen das Verbindende mit allen Menschen, mit der ganzen Mitwelt, mit Gott zu entdecken: bewegt, von der biblischen Verheißung, dass Gott niemandem von uns fern ist, »denn in ihm leben wir, bewegen wir uns und sind wir« (Apostelgeschichte 17,28). Das Erahnen und Ertasten dieser Sehnsucht möchte ich in zwölf Grundhaltungen entfalten. Biblische und mystische Motive haben mich dazu inspiriert. Grundhaltungen, die in meiner persönlichen Suche und vor allem im Begleiten von Menschen entstanden sind, die einen inneren Weg gehen möchten.

Nichts Außergewöhnliches ist dabei zu erwarten, sondern Alltägliches, Faszinierendes, Widersprüchliches; ganz nah an den Erfahrungen von uns Menschen: die Einladung, die Gratwanderung der Selbstwerdung zu wagen, die zur Würde jedes Menschen führt. Eine Würde, die sich auch im politischen Engagement für das Recht auf Arbeit, Wohnung, Bildung jedes Menschen konkretisiert.

9

Jede Grundhaltung leite ich mit meinen persönlichen Erfahrungen ein. Biblische und mystische Lieblingstexte, die mir zur Lebenshilfe geworden sind, sollen dann anregen, grundlegende Werte für unser Menschsein zu vertiefen. Damit zeige ich eine Möglichkeit auf; ich erkläre, was ich persönlich unter einem spirituellen Weg verstehe. Meine Antwortversuche möchten jede und jeden ermutigen, aus der »eigenen Quelle zu trinken« (Bernhard von Clairvaux), den ureignen Hoffnungsfaden im Leben zu entdecken. Beim Zusammenstellen der Texte ist mir dankbar bewusst geworden, wie mich die Theologin Dorothee Sölle kraftvoll geprägt und unterstützt hat. Ihre Bücher haben mich inspiriert, aufgewühlt, bestärkt, verunsichert und begleitet. Lustvoll habe ich sie alle erneut durchgesehen, die angestrichenen Stellen besonders beachtet und Zitate für die folgenden Kapitel ausgewählt. Als bescheidenes Zeichen der Anerkennung für eine Frau, die authentische Spiritualität lebt und zugleich die Gabe hat, sie kreativ zu reflektieren.

Einfache Alltagsrituale zeigen in jedem Kapitel eine Spur auf, wie wir bei uns selber anfangen dürfen, damit wir gestärkt und mit Zivilcourage für lebensfördernde Werte auf- und einstehen können, die uns zur Hoffnung in aller Hoffnungslosigkeit bewegen. Mit diesen Übungen lade ich Sie ein, sie in dieser Form zu übernehmen oder sie aber nach Ihrem Gutdünken abzuändern, um sie in Ihrem Alltag wirklich anwenden zu können. Gebete und ein Gedicht am Schluss des Kapitels lassen uns bewusst werden, wie es zwar auf uns ankommt, aber doch nicht allein von uns abhängt.

Die Fülle von Anregungen, persönlichen Erfahrungen und Texten zum Meditieren fordert zum Auswählen auf. Weniger ist mehr! Je nach persönlicher Situation lohnt es sich, über längere Zeit ein Kapitel zu vertiefen. Mit dem Lesen und Wissen allein werden wir unserer Sehnsucht nach Echtheit nicht gerecht. Erst im ringenden, hoffenden Einüben und Vertiefen kann in uns heilend-befreiende Verwandlung geschehen. Für mich beginnt ein spiritueller Weg mit der Frage des Urvertrauens. Für jemand anders kann der Weg zur Quelle mit einem anderen Wert beginnen. Darum finden sich in den verschiedenen Kapiteln auch wiederholende Gedanken, damit Wesentliches vertieft werden kann.

Dankbar bin ich all jenen Frauen und Männern, die ich spirituell begleite und die wesentlich zum Entstehen dieses Buches beigetragen haben. Dankbar bin ich Winfried Nonhoff vom Kösel-Verlag für seine aufmerksame, wohlwollende Unterstützung. Stefan Bolt danke ich für seine Korrekturen und seine kreativen Anregungen. Besonders danke ich P. Anselm Grün, der mich durch seine Bücher das Verbindende einer geerdeten Spiritualität erfahren ließ. Dies scheint nun auch ermutigend in seinem Vorwort zu diesem Buch auf: das Vertrauen, dass ein innerer Weg zu mehr Lebendigkeit und Solidarität führt. Auch aus dieser Hoffnung lebt dieses Buch.

Neuchâtel, dem Frühling 1998 entgegen

Pierre Stutz

VORWORT

Die Gedanken, die Pierre Stutz in diesem Buch niederlegt, sind nicht ausgedacht, sondern erlebt und durchlebt. Sie sind Ergebnis seiner eigenen Suche nach einer tragfähigen Spiritualität. Sie sind Ausdruck seiner Sehnsucht nach dem Gott des Lebens, nach dem Gott, der in Jesus Christus Fleisch angenommen hat und der auch in uns Fleisch werden will. Es ist eine inkarnierte Spiritualität, die der Autor hier entfaltet.

Das geistliche Leben spielt sich nicht im Kopf ab. Es besteht nicht aus erbaulichen Gedanken, sondern es will sich ganz konkret im Alltag ausdrücken. Es braucht Alltagsrituale, damit es unser Herz und die Herzen unserer Mitmenschen verwandeln kann. Die Spiritualität muss geerdet werden, damit sie diese Welt gestalten und formen, dass sie in diese unheile und ungerechte Welt das Heil Christi einstiften kann.

Was mich besonders angesprochen hat an den Gedanken von Pierre Stutz, das ist die Verbindung seiner ureigensten persönlichen Gotteserfahrungen mit der biblischen und mystischen Tradition und dann die Verbindung dieser Erfahrungen mit eigenen Gedichten und Texten großer Dichterinnen und engagierter Christen und Christinnen. Pierre Stutz übernimmt nicht einfach, was er anderswo gelesen hat. Er probiert es aus, testet es auf seine Tragfähigkeit und gibt ihm seine persönliche Note. Aber seine Vorschläge bleiben nicht im Nur-Persönlichen stecken. Sie werden durch biblische Erfahrungen erweitert. Wie er mit manchen Texten der Heiligen Schrift umgeht, das hat mir alte Texte ganz neu erschlossen. Und: Er zeigt die Entfaltung der biblischen Erfahrung in der mystischen Tradition. Das persönliche Erleben auch in Texten längst verstorbener Mystiker und Mystikerinnen wieder zu finden, das war für mich besonders spannend.

Ein vierter und wesentlicher Schritt, den der Autor bei jeder der 12 Grundhaltungen geht, ist die konkrete Einübung dieser Haltung im Alltag. Dafür gibt er jeweils spirituelle Alltagsübungen an. Er macht Vorschläge, die man ausprobieren kann. Natürlich geht es nicht darum, all das zu befolgen, was Pierre Stutz vorschlägt; Leserinnen und Leser können heraussuchen, was Sie im Herzen anspricht. Dabei ist mir seine Verbindung des persönlichen inneren Weges mit der Verantwortung für diese Welt, für die Armen und Entrechteten, für die in unserer Welt Übersehenen und an den Rand Gedrängten, besonders wichtig geworden. Ein spiritueller Weg, der diese Welt nicht verändert, ist nutzlos. Wer wirklich zur inneren Quelle findet, der wird aus dieser Quelle heraus die Welt mit andern Augen sehen und sie im Geiste Jesu Christi auch gestalten. Er bzw. sie wird auch politische Verantwortung übernehmen, anstatt nur über die schlechte Welt zu jammern.

Es sind 12 Grundhaltungen, die Pierre Stutz beschreibt. Zwölf ist eine Zahl der Ganzheit. Zwölf meint aber nie nur den in sich ruhenden Menschen, wie es in der Ganzheitszahl der Zehn zum Ausdruck kommt. Zwölf beinhaltet immer auch die Beziehungsfähigkeit und die Gemeinschaftsbezogenheit. Es gibt 12 Stämme Israels und 12 Apostel. Die Grundhaltungen dieses Buches wollen mich in eine neue Lebendigkeit und Kreativität führen, sie wollen mich aber vor allem zu einem Menschen machen, der die Beziehung zu seiner Umwelt ernst nimmt, der sich als Teil der großen Menschheitsgemeinschaft sieht und versteht und der seine Verantwortung für diese eine Gemeinschaft wahrnimmt.

So wünsche ich diesem Buch viele aufmerksame Leserinnen und Leser und viele konsequente Befolgerinnen und Befolger, damit sie durch das Lesen und das Einüben der vorgeschlagenen Alltagsrituale immer mehr mit der inneren Quelle in Berührung kommen, die in ihnen sprudelt und die nie versiegt, weil sie eine göttliche Quelle, weil sie die Quelle des Heiligen Geistes ist.

Münsterschwarzach, am Fest des hl. Ephräm,
des großen syrischen Hymnendichters, 9.6.1997

P. Anselm Grün OSB

1. Hineinwachsen ins Urvertrauen

Urvertrauen ist das Wort, das ich am meisten in all meinen Büchern niedergeschrieben habe. Meine Sehnsucht ist groß, mehr aus dem Urvertrauen, mehr aus Gott heraus mein Leben gestalten zu können. Doch es fällt mir oft schwer. Dies kann beim Zeitungslesen geschehen, wenn ich mit Bestürzung höre, wie das kurdische Volk erneut in großes Leid und Ungerechtigkeit gebracht wird, wenn ich wahr-nehme, dass zwei Millionen Kinder durch Kinderprostitution ihr Leben bewältigen müssen, wenn ... Solche Meldungen können mich tagelang besetzen und mich am Guten im Menschen zweifeln lassen, an Gottes Gegenwart in jeder und jedem von uns.

Wie kann ich da von Urvertrauen reden? Wie kann ich es zutiefst in mir spüren?

In diesem Ringen verbirgt sich auch die Sehnsucht, dass mich irgendwann diese tief beunruhigende Sorge nicht mehr so bestimmt. Doch das Meditieren der jüdisch-christlichen Suchbewegung und der christlichen Mystik verweist mich in der Verheißung, sein eigenes Leben und das Leben der ganzen Schöpfung immer neu Gott anvertrauen zu können, auf eine not-wendige Unruhe, die sich im Suchen von Gottes neuer Welt aufrechterhalten muss. Am kräftigsten zeigt sich mir das in einem Bild der Teresa von Avila in ihrem Werk »Innere Burg«. Sie spricht von der Raupe, die zum Schmetterling wird, als Urwunsch in uns nach Verwandlung. Doch zu meinem großen Erstaunen holt sie mich in meine Realität zurück, wenn sie nüchtern erklärt, dass auch der Schmetterling weiterhin »ruhelos umherflattert«.

Seit dieses Bild in mir gegenwärtig ist, gebe ich meine Sehnsucht des Hineinwachsens ins Urvertrauen nicht auf; doch ich versuche jeden Tag neu anzunehmen, dass ein spiritueller Weg mich gerade in die Wunden unserer Zeit führt. Mit dem gemeinsamen Beginnen des Tages und dem gemeinsamen Beenden am Abend in der Kapelle drücke ich aus, dass ich die Verwurzelung in Gott brauche, nicht, um nicht mehr berührt zu sein von der Not, sondern im Gegenteil, um sie noch mehr an mich heranlassen zu können.

Ur- und Gottvertrauen kann ich dann auch nicht loslösen von Selbstvertrauen und dem Vertrauen ins Leben. Darum hilft mir ein Gedanke von Dorothee Sölle, Religion als das Lebensbejahende zu sehen:

»Religion ist der Versuch, nichts in der Welt als fremd, menschenfeindlich, schicksalhaft, sinnlos anzunehmen, sondern alles, was begegnet, zu verwandeln, es einzubeziehen in die eigene menschliche Welt. Alles soll so gedeutet werden, dass es › für uns‹ wird. Alles Starre soll biegsam, alles Zufällige notwendig, alles sinnlos Scheinende als wahr und gut geglaubt und gedacht werden. Religion ist der Versuch, keinen Nihilismus zu dulden und eine unendliche (endlich nicht widerlegbare) Bejahung des Lebens zu leben.«[1]

Diese Lebensbejahung gilt es als göttliche Quelle zu erkennen, die in unserem Wesen angelegt ist und uns ermöglicht, uns verwandeln zu lassen: Ohnmacht in Hoffnung, Angst in Vertrauen, Hass in Versöhnung. Ein Weg, der dadurch beginnt, dass wir uns in uns selber ein Stück Anerkennung, Verwandlungskraft, Beheimatung wachsen und schenken lassen. Um uns nicht in Aktivismus zu verlieren, der uns verbittern und krank machen kann, dürfen wir all das in unserem Innern reifen lassen, was uns zur Kraftquelle werden kann – für das Einfordern dieser Ursehnsucht für alle Menschen.

Biblische Vertiefungen

»Wem gehörst Du?« fragte ein Frau auf dem Heimweg mein Patenkind. Völlig aufgeregt, setzt sich die Sechsjährige zu mir und sagt ganz bestimmt: »Ich gehöre doch niemandem, oder? Höchstens dem lieben Gott!«

Diese kraftvollen Worten helfen mir beim Hineinwachsen ins Urvertrauen. Sie haben mich an einige Verse aus dem Propheten Jesaja erinnert, die ich nicht genug hören und meditieren kann. Was damals Israel in Erinnerung gerufen wurde, gilt jeder und jedem von uns:

Jetzt aber – so spricht Gott, der dich geschaffen hat, der dich geformt hat: Fürchte dich nicht, denn ich habe dich ausgelöst, ich habe dich beim Namen gerufen, du gehörst mir. Wenn du durchs Wasser schreitest, bin ich bei dir, wenn durch Ströme, dann reißen sie dich nicht fort. Wenn du durchs Feuer gehst, wirst du nicht versengt, keine Flamme wird dich verbrennen. Denn ich bin dein Gott ... weil du in meinen Augen teuer und wertvoll bist und weil ich dich liebe. Nach Jesaja 43,1-4

Dieses Getragensein erweist sich in der biblischen Botschaft immer als etwas Konkretes, Heilendes und Befreiendes. Selbstvertrauen, Vertrauen in die Mitmenschen und in Gott lassen sich nicht voneinander trennen. Eindrücklich verdichtet sich diese Erfahrung in der Heilung eines Gelähmten im Johannesevangelium. Mit der Frage: »Willst du gesund werden?« wirft Jesus den Kranken auf sich selber zurück, auf sein Selbstvertrauen. Das Selbstwertgefühl lässt sich nicht vom Vertrauen in die andern trennen. Der Gelähmte erwidert darum Jesus: »Ich habe keinen Menschen«. Jesus wird ihm zum Nächsten und appelliert wieder an sein Selbstvertrauen: »Steh auf, geh!«. Das Vertrauen in sich selber und in das mitfühlende Dasein von andern bringt Jesus in Verbindung mit dem Vertrauen in ihn, in Gott: »Mein Vater ist noch immer am Werk, und auch ich bin am Werk« (Johannes 5,17).

Mit diesem Dreiklang (Selbstvertrauen, Vertrauen in die andern, Gottvertrauen) können wir unsere Lebensmelodie in vielen Variationen neu erklingen lassen.

Mystische Vertiefung

Wo immer ich vom Urvertrauen rede, kommen mir spontan zwei Gedanken einer Mystikerin und eines Mystikers in den Sinn:

❑ Johannes vom Kreuz, der große Menschenkenner, der allen Kriegen und Ungerechtigkeiten zum Trotz schrieb:

Gott wohnt und wirkt wesentlich in jedem Menschen, sogar im größten Sünder.

Im Wesen des Menschen ist also das Göttliche angelegt. Sei es noch so verschüttet oder zubetoniert, es lässt sich entdecken!

❑ Teresa von Avila, die ein Leben lang um die innere Ruhe, das Urvertrauen gerungen hat, verweist uns auf die Lebensweisheit, dass wir diesen Schatz nicht nur außen, sondern ein Stückweit in uns selber finden sollen:

Kann es etwas Schlimmeres geben, als dass wir uns in unserem eigenen Haus nicht zurechtfinden? Wie können wir hoffen, in andern Häusern Ruhe zu finden, wenn wir sie im eigenen nicht zu finden vermögen?

Gotteserkenntnis ist nach Teresa von Avila ohne Selbsterkenntnis nicht möglich. Gottvertrauen hat den Ursprung im Fördern des Vertrauens in sich selber und in die Versöhnungskraft in jedem Menschen. Was ich jetzt einmal mehr so leicht geschrieben habe, gelingt mir im Leben manchmal nur ansatzweise. Gerade im Annehmen dieser Begrenztheit unserer Existenz kann das Urvertrauen wachsen. Alltäglich gilt es dies einzuüben in der Grundspannung von Gelingen und Scheitern, weil das Wesentliche im Leben nicht machbar ist.

Aus dem Urvertrauen des Gehaltenseins heraus kann Hingabe entstehen. Hingabe nicht verstanden als angepasstes Verhalten, das unmündige Menschen fördert, sondern ganz im Gegenteil. Hingabe, die echt wirkt, weil ich mir bewusst bin, dass meine schöpferisch-kämpferische Lebenskraft entfaltet werden möchte, denn sie hat ihren Ursprung und ihre Vollendung in Gott selber. Je näher ich an meine Lebenskraft herankomme, an das, was zutiefst in meiner Seele angelegt, abgebildet ist, umso mehr spüre ich die Verbindung zu Gott, der mir Beheimatung schenkt, damit auch ich ein weites Herz für Heimatlose haben kann. Diese Sehnsucht kann ich durch das Gebet von Teresa von Avila in mir wachhalten und verlebendigen:

O Seele, suche dich in Mir,
und, Seele, suche Mich in dir.

Die Liebe hat in meinem Wesen
dich abgebildet treu und klar;
kein Maler lässt so wunderbar,
o Seele, deine Züge lesen.
Hat doch die Liebe dich erkoren
als meines Herzens schönste Zier;
bist du verirrt, bist du verloren,
o Seele, suche dich in Mir.

In meines Herzens Tiefe trage
Ich dein Porträt, so echt gemalt;
sähst du, wie es vor Leben strahlt,
verstummte jede bange Frage.
Und wenn dein Sehnen Mich nicht findet,
dann such nicht dort und such nicht hier;
gedenk, was dich im Tiefsten bindet,
und, Seele, suche Mich in dir.

Du bist mein Haus und meine Bleibe,
bist meine Heimat für und für;
Ich klopfe stets an deine Tür,
dass dich kein Trachten von Mir treibe.
Und meinst du, Ich sei fern von hier,
dann ruf Mich, und du wirst erfassen,
dass ich dich keinen Schritt verlassen:
und, Seele, suche Mich in dir.[2]

Spirituelle Alltagsübungen

■ *Gott atmet in mir*

Im Atem ereignet sich das Geschenk meines Lebens immer neu. Im bewussten Ein- und Ausatmen verbirgt sich das Geheimnis unseres Lebens, unseres Glaubens: »Gott atmet in allem, was lebt« (Hildegard von Bingen).

Überall, wo ich bin, kann ich mich bewusst an das Urvertrauen der Gegenwart Gottes erinnern, wenn ich einen Moment inne halte, tief und bewusst durchatme, um dabei das Verbindende mit der ganzen Schöpfung wahr-zunehmen.

Wenn ich auf jemanden warten muss, wenn ich den Autobus verpasst habe, wenn ich in der Warteschlange vor der Kasse stehe, nehme ich bewusst meinen Atem wahr.

Ich stehe gut mit beiden Füßen auf dem Boden und atme tief durch, ohne meinen natürlichen Atemrhythmus zu verändern.

Ich atme immer tiefer ein und aus und achte darauf, wie der Atem in meinen Körper ein- und ausströmt, meinen Beckenraum füllt und bis zu den Zehenspitzen fließen kann.

Während dieser Momente des Innehaltens sage ich innerlich bei jedem Einatmen: »Gott atmet in mir« oder »Gott atmet in allem, was lebt.« Nach 1-3 Minuten bewege ich langsam meine Zehen, hebe meine Füße hoch und strecke mich in der Dankbarkeit, dass ich mich neu entfalten kann.

■ *Sich mitweltgerecht verhalten, um Vertrauen ins Leben zu fördern*

Vertrauen in das Leben, in die Zukunft ereignet sich in der ökologischen Wachsamkeit. Wenn ich die ökologische Achtsamkeit fördere, bestärke ich mich und andere im Vertrauen in die Zukunft, in menschenfreundlichen Lebensraum, auch für unsere Kinder. Ich trage damit bei, dass auch durch mich Gottes belebende Geistkraft, unsere Mitwelt bewahren und erneuern kann. Dazu einige Anregungen:

– Ich benutze vermehrt mein Fahrrad, die öffentlichen Verkehrsmittel.
– Ich kaufe für den Haushalt und die Hausreinigung Produkte ein, die mitweltverträglich sind, d.h. die biologisch gut abbaubar sind. Folgender Vermerk muss auf dem Produkt stehen, damit es wirklich die Mitwelt weniger belastet: »Abbaubarkeit des Gesamtproduktes in % und in Tagen gemäß OECD-Test-Nr. ...« Ich informiere mich bei Mitwelt-Organisationen darüber und unterstütze als Mitglied dieses schöpfungszentrierte Anliegen.
– Ich benutze die Treppe statt des Lifts und gönne mir im Wahrnehmen des Atmens Bewegung, die meinem Körper gut tut.
– Ich verfolge achtsam die Gefahr der atomaren Bedrohung durch AKWs und Sondermülltransporte und leiste Widerstand.

In all diesen kleinen und größeren Engagements erinnere ich mich, wie sich mein Urvertrauen in Gottes Geist durch diese ökologische Achtsamkeit festigen kann.

■ *Das Gute von mir aufschreiben*

- Ich kaufe mir ein besonders schönes Buch mit leeren Seiten und schreibe einmal pro Tag, im Sinne einer Tagesrückblende auf, was mir heute gut gelungen ist, wo ich mit mir zufrieden bin, wie durch mich und meine Gaben eine gute Atmosphäre entstanden ist. Ich schreibe auf, was mich freut an mir und erinnere mich dabei, dass letztlich all das Gute von Gott selber kommt.
- Ich übe mich ein, das Aufgeschriebene im Alltag wahrzunehmen, damit ich auch andern meine Stärken mitteilen kann und nicht warte, bis sie mich ansprechen und mir Komplimente machen.
- Ich schreibe auch auf, was in mir zu wenig zur Entfaltung gekommen ist. Was ich an Gutem vernachlässige, obwohl ich eigentlich weiß, dass es mir und andern wohltuend sein kann. Dabei erinnere ich mich an die göttliche Grundverheißung, dass ich vor aller Leistung angenommen bin.
- Mit meiner Freundin/Freund, Partnerin/Partner nehme ich mir regelmäßig einen Abend bewusst Zeit, um ihr/ihm mitzuteilen, was ich an mir schätze. Dabei reagieren wir auf das Gehörte und teilen einander auch mit, was mich am anderen freut. So kann ich einüben, zu meinen guten Seiten zu stehen und durch das Echo neue zu entdecken.
- Im Arbeitsteam nehmen wir uns einmal pro Monat eine (halbe) Stunde Zeit, um einander mitzuteilen, was ich an meinen Mitarbeiterinnen/Mitarbeitern schätze. Was der besondere Beitrag eines jeden Teammitglieds ist, der zu einer guten Zusammenarbeit bestärkt. Dabei verinnerlichen wir uns, was Teresa von Avila für ein gelungenes Miteinander voraussetzt: In meinem Wesen ist Gottes Sein abgebildet, das durch unsere Gaben sichtbar wird.

Weg-Gebete

Gott
dich suche ich mitten im Alltag
obwohl ich erahne
wie du immer schon da bist
im Lebensatem
der Spur zu meinem Selbstvertrauen

Gott
du suchst mich
längst bevor ich zu dir aufbreche
du bestärkst mich zur Entfaltung
weil du dich zeigst im Einsatz für die Menschenrechte

Gott
in dich hinein möchte ich meine Sehnsucht nach Selbstwerdung
meinen Hunger und Durst nach Gerechtigkeit legen
denn du hast beides in mir angelegt
damit mein Urvertrauen ins Leben wachsen kann
da bist du sinnstiftend nahe

◆

Christus
in dich hineinwachsen
ereignet sich im Entfalten meines Selbstvertrauens
aus dir leben
vergegenwärtigt sich in der ökologischen Achtsamkeit

Christus
dich in mir erahnen
gelingt im wohlwollenden Umgang mit mir
dir in andern begegnen
verdichtet sich in Lebenskampf und Lebenslust

Christus
deine Gegenwart zu spüren
führt mich auf die Straßen
zu den gebrochenen Herzen
die sich wie ich selber nach Heilung und Befreiung sehnen

Christus
erhoffen wie du in mir lebst
mein Innerstes bewohnst
mein Dunkel erhellst
meinen Protest bewirkst
mein Feiern bewegst
all das bestärkt mein Urvertrauen

Gedicht

Falle nicht, Gott aus deinem Gleichgewicht.
Auch der dich liebt und der dein Angesicht
erkennt im Dunkel, wenn er wie ein Licht
in deinem Atem schwankt, – besitzt dich nicht.
Und wenn dich einer in der Nacht erfasst,
so dass du kommen musst in sein Gebet:
Du bist der Gast,
der wieder weiter geht.

Wer kann dich halten, Gott? Denn du bist dein,
wo keines Eigentümers Hand gestört,
so wie der noch nicht ausgereifte Wein,
der immer süßer wird, sich selbst gehört.

Rainer Maria Rilke[3]

2. ZU-GRUNDE-GEHEN:
INNERE FREIHEIT FINDEN

Seit Kindesbeinen habe ich gelernt, dass das spezifisch Christliche sich in der Nächstenliebe, im Hineinfühlen in die andern zeigt. Selbstaufgabe nicht Selbstverwirklichung war gefragt. Vom Liebesappell Jesu »Liebe deine Nächsten wie dich selbst« hörte ich nur den ersten Teil. Welch ein Trugschluss zu meinen, die Selbstliebe sei uns in die Wiege gelegt. Es gehört zu den großen Aufgaben einer gesunden Spiritualität, ein gutes Gleichgewicht zwischen Selbst- und Nächstenliebe zu finden. Für viele christlich sozialisierte Menschen, besonders auch Ordensleute und sehr Engagierte ist es besonders notwendig, selber auf den Grund ihres Engagements zu stoßen, um nicht unbewusst als »hilflose HelferIn« zu einseitig im Engagement (Er-)Lösung der eigenen Probleme zu suchen. Vor fünf Jahren habe ich in einer persönlichen Umbruchzeit, diesen Ruf nach Umkehr der Werte, oder besser gesagt, nach Gleichgewicht beim Mystiker Johannes Tauler entdeckt. Seit dieser Zeit helfen mir seine Ermutigungen, zu meinem Grunde zu gehen. Denn in diesem »Sprung in den eigenen Brunnen« liegt die Verheißung, mehr aus innerer Freiheit heraus das Leben zu gestalten. Freiheit, die sich zeigt im Ausdrücken der eigenen Meinung und im vermehrten Wahrnehmen, was zutiefst meine Lebensaufgabe ist.

Im Wort Aufgabe steckt das Wort Gabe. Meine Gaben, die ich sorgfältig und behutsam entfalten darf, werden mir zur Aufgabe. Auf-gabe im doppelten Sinn, zum Beruf, wenn ich bereit bin, sie zum Wohle der Gemeinschaft aufzugeben.

Dieser Prozess des Annehmens vor dem Loslassen gilt für das viel erwähnte Wort der Selbstlosigkeit in der Spiritualität. Selbstlosigkeit ist nur möglich, wenn ich in etwa mein Selbst gefunden habe. Mein Selbst lassen, Gott überlassen beinhaltet die Lebensaufgabe der Selbstannahme, auch meiner Grenzen, meiner dunklen Seiten. Johannes Tauler ermutigt, den Sprung in den eigenen Abgrund zu wagen, weil ich dadurch vielem, was ich tue, auf den Grund komme. Dieser Prozess führt unwiderruflich zum Geheimnis unseres Lebens: all-tägliches Sterben einzuüben. Denn das Wissen, »dass unser Leben nicht uns gehört, dass wir kein Anrecht auf ein langes Leben haben, sondern dass wir es von Gott empfangen haben und es ihm daher dankbar zurückgeben müssen, ist der tiefste Grund wahrer Freiheit«[4].

Zu-grunde-Gehen heißt dieses Loslassen einüben, Idealbilder von sich loslassen, ehrlich mit sich selber umgehen lernen, sich nichts vormachen. Eine Lebensaufgabe! Im Zu-grunde-Gehen liegt die Hoffnung, Gott als Grund zu erfahren. Echt, authentisch werden wird in Verbindung gebracht mit der Gottesgeburt im Seelengrund. Wenn ich mich diesem Ereignis überlasse, an mir arbeite und zugleich vertraue, dass mein Authentisch-Werden ein Geschenk ist, kann ich ein Stück innerer Freiheit gewinnen: »Denn wer sein Leben retten will, wird es verlieren, wer aber sein Leben um meinetwillen verliert, der wird es gewinnen« (Lukas 9,24).

Es ist eine Freiheit, die es mir ermöglicht, zu meiner Meinung zu stehen, meine grund-legenden Überzeugungen auch dann zu vertreten, wenn kein Applaus kommen wird. Sie bestärkt mich, meine Lebenskraft einzusetzen, um denen Rechte und Sprache zurückzuverleihen, denen sie durch Schicksalschläge geraubt worden sind. So werde ich ein jemand – mit Rückgrat, mit Zivilcourage.

Die Antworten, die einst Rainer Maria Rilke einem jungen Dichter geschrieben hat, sind für mich richtungsweisend und seit vielen Jahren kraftvolle Unterstützung auf der Suche nach dieser inneren Freiheit. Ein junger Mensch will vom großen Dichter wissen, ob seine Gedichte gut seien. Rainer Maria Rilke verweist ihn auf seinen eigenen Grund. Nicht ob die Gedichte gut seien, sei die entscheidende Frage, sondern einzig allein die

Frage, ob er schreiben müsse.[5] Diese innere Notwendigkeit gilt es in jedem Leben zu entdecken. Was ist meine Aufgabe in dieser Welt, wo ist mein Platz, was ist in mir seit meiner Geburt angelegt? In all diesem Suchen dürfen wir den Worten Jesu nach Johannes trauen, dass »die Wahrheit befreien wird« (8,32). Wahrheit nicht verstanden als etwas Statisches, sondern als uralt-neue Verwirklichung der Gottesgeburt im Menschen, wenn er zugrunde geht, Loslassen einübt, damit Neues geboren werden kann.

Wenn ich junge Menschen frage, was sie sich am meisten von Erwachsenen wünschen, kommt meistens, wenn auch verschlüsselt, der Wunsch nach Authenzität, nach Echtheit zum Ausdruck. Kinder und Jugendliche haben glücklicherweise ein gutes Gespür, ob wir uns selber treu zu sein versuchen, ob wir zu unseren Grenzen stehen lernen und ob wir wagen, aus unserem Grund, aus unserer Mitte heraus das Leben zu gestalten. Nicht perfekte, abgeklärte Menschen sind gesucht, sondern Menschen, die sogar über sich selber lachen können, weil sie trotz allem Grund zum Vertrauen haben.

»Alle Menschen kommen als Original auf die Welt und viele sterben als Kopie«, ist einer jener Sätze, die ich nicht auswendig lernen musste. Er fordert mich heraus, nicht hinter meinen Möglichkeiten stecken zu bleiben, aus tiefstem Grunde mich einzubringen und meinen Einfluss geltend zu machen; nicht nur für mich, sondern im Fördern von Partizipation auf allen Ebenen.

Biblische Vertiefung

Der konsequente Weg Jesu bis zu seiner Bereitschaft, für seine Ideale zu sterben, war nicht jene einseitige Aufopferung, die aus uns unmündige, ängstliche und angepasste Menschen machen will. Denn in der Angst, niemanden zu enttäuschen, im Anspruch, immer für andere dazusein, können viel Konfliktunfähigkeit, Überheblichkeit und manche Unersetzlichkeit – Phantasien stecken. Gerade in Jesus begegnen wir einem Menschen der sich im Spannungsfeld von kraftvoller Zuwendung und dadurch intensivster Konfliktfähigkeit bewegte. Während meines Studiums hat Dorothee Sölle mein Jesusbild wesentlich verändert, erweitert:

Jesus war ein Mensch, der es wagte, › ich‹ zu sagen ohne Rückendeckung. Nicht weil er ein Amt innehatte oder einflussreiche Freunde oder gute Schriftgelehrte besaß, redete er so. Sowohl seine Freunde wie seine Feinde haben zeit seines Lebens versucht, ihm eine Rückendeckung zu besorgen, die Phantasie seiner Liebe abzuleiten, und das heißt zugleich: sie überschaubar zu machen. Aber Jesu Freiheit, Jesu › ich aber sage euch‹ blieb unableitbar ... Ich halte Jesus von Nazareth für den glücklichsten Menschen, der je gelebt hat. Ich denke, dass die Kraft seiner Phantasie aus dem Glück heraus verstanden werden muss. Alle Phantasie ist ins Gelingen verliebt, sie lässt sich etwas einfallen und sprengt immer wieder die Grenzen und befreit die Menschen, die sich unter diesen Grenzen in Opfer und Entsagung, in Repression und Rache ducken und sie so ewig verlängern. Jesus erscheint in der Schilderung der Evangelien als ein Mensch, der seine Umgebung mit Glück ansteckte, der seine Kraft weitergab, der verschenkte, was er hatte.[6]

In seiner heilenden Zuwendung geht Jesus besonders auf die Menschen zu, die abgeschrieben, rechtlos, sprachlos, gehörlos, ausgegrenzt sind. Er fördert in ihnen die heilende Kraft, damit sie sich selber wieder einbringen können, mit allen Sinnen. Dieses heilende und befreiende Mitsein traut Jesus sehr schnell seinen Jüngerinnen und Jüngern zu. Wir müssen nicht fixiert auf Jesus allein schauen. Er ermächtigt sie, sich den Mächten entgegenzustellen, die die Menschen unterdrückt und entmündigt halten wollten. Doch auch die Jüngerinnen und Jünger kommen nicht darum herum, sich zuerst mit sich selber auseinanderzusetzen. Jesus mutet ihnen unbequeme Worte zu, er hinterfragt ihren Grund zum Engagement, damit sie *aus ihrem tiefsten Grund*, aus Gott heraus aufbrechen konnten.

Im Ersten Testament findet sich im Buch Richter eine eindrückliche Erzählung, die von diesem Prozess der Selbstfindung und dem daraus entstehenden Engagement erzählt. Gideon drischt voller Angst Weizen in der Kelter. Israels Lage ist einmal mehr bedroht. Mitten in diesem Überlebenskampf, mitten im Staub des Alltags, in der Hitze des Tages lässt er sich doch von einem Engel berühren, indem er auf seine innere Stimme hört, die ihn an die uralte Verheißung erinnert, dass für Gott nichts unmöglich ist. Gideon lässt sich nicht so schnell beflügeln und steht zu seiner Meinung, seinem kritischen Fragen, seiner Enttäuschung, seinen Einwänden: Wie? Was soll das Ganze? Warum wir? Was nützen uns die alten Hoffnungsgeschichten, die heute nicht mehr tragen?

Gideon steht so für unser Fragen, unser Ringen nach Sinn. Die Antwort, die sich ihm durch Gottes Zuwendung ereignet, bleibt höchst aktuell: »Geh und befreie mit der Kraft, die du hast – ich sende dich!« (Richter 6,14). Im Horchen auf den Grund unseres Fragens können wir die Zusage entdecken, dass in uns selber die Antwort liegt. Sie gilt es freizulegen.

Gideon bleibt skeptisch, gibt zu bedenken, dass er ja der jüngste sei und wenig Möglichkeiten habe. Die Antwort Gottes konnte damals und kann heute unser Zögern in mutiges Auf- und Einstehen für Gerechtigkeit verwandeln: »Weil ich mit dir bin.«

Gott in sich entdecken, in ehrlichem Einüben der Selbstannahme, legt Kräfte für unsere Lebensaufgabe frei. So müssen wir unsere Energien nicht verbrauchen für das Aufrechterhalten eines Idealbildes von uns, was im Grunde genommen doch nur aufgesetzt ist. Biblische Hoffnungs- und Heilungsgeschichten zeigen uns Schritte auf, wie wir sogar durch Verwundungen hindurch zu neuer Lebenskraft gelangen können. An dieser Hoffnung will ich fest-halten, erst recht und gerade auch weil ich mir bewusst bin, dass unsere Gesellschaft uns so oft zur Anpassung zwingt.

Nie werde ich darum die Worte von Halil vergessen, dem kurdischen Flüchtling, der mit seiner und anderen Familien mit verlogenen Worten der Menschlichkeit aus der Schweiz ausgewiesen wurde. Das Bild mit ihm, seiner Frau, seinen beiden Kindern bleibt mir Mahn-Mal im Zimmer und vergegenwärtigt mir seine Worte: »Das ist meine Lebensenttäuschung: Wenn ich die Wahrheit will, werde ich bestraft. Täte ich lügen, würde ich belohnt. Ich weiß nicht, wie es weitergeht. Ich weiß es nicht.«[7] Sein Fragen bleibt mir Herausforderung in meinem Urwunsch nach mehr innerer Freiheit.

Mystische Vertiefung

Mahatma Ghandi hat im gewaltfreien Widerstand aufgezeigt, wie aus dem Seelengrund eine Kraft wachsen kann, die zur Wahrheit, zur inneren Freiheit führt. Ghandi konnte sich aus dieser Grundhaltung heraus durchsetzen, wie der folgende Abschnitt zur Durchsetzungkraft aufzeigt:

Ich glaube an Gedanken-Kraft mehr als an die Kraft des geschriebenen oder gesprochenen Wortes. Und wenn die Bewegung, die ich zu repräsentieren suche, Lebenskraft in sich und Gottes Segen über sich hat, wird sie die ganze Welt durchdringen, ohne dass dazu ihre physische Gegenwart in deren verschiedenen Teilen nötig wäre...[8]

Auf dem Weg zu mehr innerer Freiheit, zu mehr Durchsetzungskraft begleitet mich ein Bild des Mystikers Johannes vom Kreuz. Er konfrontiert uns mit den subtilen Abhängigkeiten, die unser Verhalten viel mehr prägen und beeinflussen können, als wir wahrhaben wollen. Offensichtliche Begrenzungen können gestaltet, verwandelt werden, unscheinbare Abhängigkeiten, die mir nicht bewusst sind, kann ich auch nicht verwandeln lassen. Darum lohnt es sich, mein Verhalten wohlwollend-kritisch auch von andern hinterfragen zu lassen. Treffend holt der Mystiker diese Erfahrung in dieses aussagekräftige Bild ein:

Dies erscheint mir so, als wäre ein Vogel mit einem feinen statt mit einem groben Faden angebunden; auch der feine Faden hält ihn so fest wie ein grober, solange er ihn nicht zerreißt, um aufzufliegen. Wohl ist der feine Faden leichter zu zerreißen, doch so leicht es auch ist, zerreißt man ihn nicht, so wird man nicht fliegen. Ebenso ergeht es auch der Seele, die an irgendetwas hängt. Mag es noch so tugendhaft sein, sie wird zur Freiheit der göttlichen Vereinigung nicht gelangen.[9]

Eindrücklich, wie der einfühlsame Menschenkenner kritisch auch so genanntes tugendhaftes Verhalten hinterfragt, das nicht aus unserer Mitte heraus fließt, sondern »nur« aufgesetzt ist.

Spirituelle Alltagsübungen

■ *Zu mir stehen lernen*

Jeden Tag ist mir neu aufgetragen, in meine Lebensaufgabe hineinzuwachsen. Ich darf es tun im Vertrauen, dass Gott immer schon da ist – als mein Grund, der mich trägt und mich bekräftigt, den Aufstand für das Leben zu wagen.

– So stelle ich mich beim Aufstehen in die Mitte des Zimmers und stehe gut mit beiden nackten Füßen auf dem Boden. Ich nehme meinen Atem wahr und atme immer tief ein und aus. Mit jedem Atem lasse ich mich noch mehr auf diesen Boden ein, der mich trägt. Dabei übe ich ein, zu mir zu stehen. Ich stehe gerade für mein Leben. Mit jedem Einatmen lasse ich mich innerlich aufrichten, um den aufrechten Gang zu fördern. So nehme ich meinen Standpunkt wahr, damit ich diesen Tag aus diesem Bewusstsein lebe und weniger gelebt werde. Dabei vergegenwärtige ich mir den Gedanken, dass ich zu mir stehen kann, weil Gott vor aller Leistung zu mir steht.
– Den Tag hindurch wiederhole ich diese Übung in den Pausen während der Arbeit, beim Spazieren am Abend stehe ich einen Moment still und spüre wie gut es mir tut, auf einem sicheren und festen Grund zu stehen. Dabei erinnere ich mich, dass es wohl auf mich ankommt, doch letztlich nicht von mir abhängt.

– Beim Sitzen im Schweigen gebe ich meiner Sehnsucht Raum, um meinen inneren Grund mehr und mehr zu finden, da wo kein Mensch Zutritt hat und Gott immer neu in mir geboren wird.

■ *Mit Rückgrat mich einbringen*

Es gibt Situationen (Konflikte, Entscheidungen, schmerzliche Momente), wo es uns schwer fällt, unsere Meinung zu sagen, uns zu entscheiden, ein klares Nein oder Ja zu sagen. Mir ist aufgefallen, dass ich in Situationen in denen ich unsicher bin, reflexartig die Füße hochziehe, anstatt sie noch mehr auf den Boden zu stellen. So verkrampfe ich mich und entziehe mir die Möglichkeit, kraftvoll Energie zu schöpfen. Dahinter kann die Annahme stehen, dass ich doch alles alleine tun muss.

Ich achte nun regelmäßig in schwierigen Situationen bewusst darauf, als spirituelle Grundhaltung beide Füße auf den Boden zu stellen. Dabei bin ich wie bei allen andern Übungen nicht erstaunt, wenn es Wochen oder Monate dauert, bis ich dies in einer Selbstverständlichkeit, aus einer inneren Freiheit heraus tue. Ich verbinde diese Haltung mit der Zusage aus dem Buch des Propheten Ezechiel: »Stell dich auf deine Füße, Menschensohn, ich will mit dir reden. Als Gott das zu mir sagte, kam der Geist in mich und stellte mich auf die Füße« (Ezechiel 2,1-2).

Aus dieser Grundhaltung heraus stehe ich auch für das Leben von Menschen ein, die ausgelacht, ausgegrenzt, diskriminiert werden, indem ich mit Rückgrat dastehe und mich wehre.

■ *Begleitung suchen*

Wenn ich aus innerer Freiheit heraus mein Leben gestalten will und nicht nur auf die Erwartungen der anderen reagiere, sondern aus meiner Mitte heraus agieren will, so ist es eine Vermessenheit zu meinen, das gelinge mir ohne unterstützende Begleitung. Ich suche mir eine Begleiterin, einen Begleiter, die/der mich unterstützt beim Entdecken meiner wahren Fähigkeiten, die/der mir hilft, subtile Abhängigkeiten wahrzunehmen, die mich hindern, mehr zu mir zu stehen und meine wirkliche Lebensaufgabe zu entdecken.

Wenn ich mich schwer tue, meine Bedürfnisse anzumelden und meine Meinung einzubringen, dann suche ich mir auch Unterstützung in meinem Freundeskreis. Ich spreche mit mir vertrauten Personen über meinen Wunsch, mich klarer einzubringen, und suche mit ihnen nach Möglichkeiten, wie sie mich unterstützen können, ohne dass ich dabei meine Einzigartigkeit und Spontaneität verliere.

■ *Den Aufstand für das Leben wagen*

Die Verheißung des aufrechten Ganges gilt allen Menschen. Darum suche ich in meinem zutiefst persönlichen Prozess der Selbstwerdung nach Möglichkeiten, wo ich mich engagieren kann.

– Ich suche Organisationen oder Selbsthilfegruppen, wo die Mitbestimmung der Mitglieder gefördert wird, wo ich mich mit meinen Talenten einbringen kann und wo ich lerne, mich abzugrenzen. In einer Gruppe kann ich lernen, meine Meinung einzubringen und zugleich in Toleranz auch verschiedene Meinungen gelten zu lassen.

– In Leserbriefen drücke ich meine Meinung aus, indem ich konstruktive Kritik übe und auch positive, unterstützende Echos mitteile.

■ *Loslassen*

Jeden Abend ist mir aufgetragen, diesen Tag loszulassen, mit seinen lust- und kraftvollen Momenten, mit allen ungelösten Fragen. Auch da darf ich vertrauen, dass Gott der Grund allen Lebens ist und ich nie tiefer fallen kann als in seine Arme.

Ich lege mich ausgestreckt auf den Boden, um diesen Tag loszulassen und in Gottes Geborgenheit zurückzulegen. Ich erspüre den Grund, auf dem ich mit meinem ganzen Leib liege. Ich atme tief ein und aus und lasse mich bei jedem Ausatmen noch mehr auf diesen Grund ein. Dabei denke ich auch an all die Menschen, denen ich begegnet bin, besonders an die, deren Leid mich betroffen gemacht hat.

Bevor ich aufstehe, lasse ich folgenden Gedanken mehrmals durch mich fließen: »Dir, Gott vertraue ich weiterhin mein Leben, mein Ausruhen und das Leben aller Menschen an.« In diesem Vertrauen lege ich mich schlafen.

Weg-Gebete

Du Gott
bist der Grund meiner Hoffnung
du lebst als tiefes Geheimnis in mir

Kommen auch Tage der Zweifel
der Ungewissheit
wo vieles wie eine große Lebenslüge erscheint
so versuche ich vertrauensvoll
zu Grunde zu gehen

Weil
du mich durch diese Verunsicherung
zur Quelle des Lebens führen wirst

So wird mir nichts mehr fehlen
und ich finde neue Geborgenheit in dir

Nach Psalm 23,1[10]

✦

Christus
du bist hinabgestiegen in das Reich des Todes
damit wir in uns das Dunkle entdecken
und von dir erhellen lassen
bestärke uns darum hinabzusteigen in unsere Tiefe
weil du immer schon da bist
heilend nah

Christus
dein Geist der Parteilichkeit
bewege uns

unsere Meinung einzubringen
uns zu wehren wo die Rechte der Kleinen bedroht sind

Christus
deine Zuwendung ermögliche uns
uns anzunehmen wie wir wirklich sind
deine Klarheit
stifte uns an ehrlich zu werden
deine Entschiedenheit
bestärke uns unsere Gaben zur Entfaltung zu bringen
zum Wohle aller

◆

In der Sehnsucht nach innerer Freiheit
erahne ich die Spur zu dir
im Arbeiten an mir selber
im Wahrnehmen subtiler Abhängigkeiten
bricht deine Verheißung durch
Befreiung durch innere Heilung zu erfahren

Ziehe erneut mit uns aus
aus guteingespielten Mechanismen
die unser Wachstum behindern
begleite uns in Durststrecken
und öffne unsere Augen für Oasen

Im Aufbrechen ins Land
wo unsere Lebensenergien fließen können
wo wir unsere Meinung einbringen
und auch ergänzen lassen können
bewirkst du aus tiefstem Grunde
Selbstwerdung und Solidarität

Gedicht

ENTFERNT

Ich bin weit entfernt
von mir

Komme mir
selber entgegen
und erwarte mich

Die Erwartung bleibt
hinter mir zurück

Rose Ausländer[11]

3. Zu Gast bei mir selber: Einsamkeit wagen

Das Unglück des Menschen beginnt damit, dass er unfähig ist mit sich selber in einem Zimmer zu sein«, schreibt der französische Philosoph Blaise Pascal. Gast bei sich selber zu sein, bleibt eine große Herausforderung und ein großer Segen.

Wenn ich mich in die Stille hineinwage, die ich sehr ersehne, spüre ich zuerst oft eine Unruhe oder eine Fülle von »Fluchtmöglichkeiten«: Ein diffuses Gefühl, gefüllt von unterschiedlichen Erfahrungen, wohltuenden und bedrohlichen. Im Annehmen dieser Ambivalenz, im Aushalten dieses Zurückgeworfenseins auf mich selber und auf all das, was mein Leben ausmacht, Kraftvolles und Erdrückendes, liegt der Schlüssel, um meiner Existenz Tiefgang zu ermöglichen.

Vielfältig können die Möglichkeiten sein, um die Stille kreativ zu gestalten, im Wandern, Schwimmen, Lesen, Malen, Schreiben, Singen ... Unsere Seele braucht Räume, wo es immer ruhiger wird in uns, wo Schmerzvolles sich ausdrücken kann, wo Beglückendes nachklingen darf. Dabei kann ich mein Leben vertiefen, neu verwurzeln, im Nachspüren der Dankbarkeit und im Versuch, Scheitern und Unzufriedenheit loszulassen.

Im Schweigen kann ich lernen, auf meine innere Stimme zu hören, da wo meine göttliche Lebensmelodie in mir erklingen möchte. Die Schöpfung zeigt mir viele Spuren zur Stille, die erfüllt sind vom Klang des Windes, der Tiere, der Bäume, des Wassers... Die Faszination einer Winterlandschaft, das berauschende Schweigen unter einem Sternenhimmel, das Verweilen am Bache, kann uns helfen, uns nicht allzu ernst zu nehmen.

Beim Einüben dieser wieder zu entdeckenden Lebensqualität empfiehlt es sich besonders, eine/n BegleiterIn zu haben. Besonders wenn ich längere Tage der Stille halten möchte, kann es wichtig sein, jemanden zu haben, mit der/dem ich besprechen kann, wie es mir dabei ergeht.

Im regelmäßigen Üben des Schweigens habe ich eine neue Dimension der Leere entdeckt. Innere Leere war für mich einmal ein negatives Gefühl, weil ich davor floh und sie durch noch mehr Aktivismus zu überwinden versuchte. Doch ich wurde sie nicht los, ganz im Gegenteil. Sie breitete sich immer häufiger in kleinsten Momenten der Stille aus. In dieser Erfahrung wurde für mich einmal mehr sichtbar, dass allein die Umwandlung dieser ambivalenten Gefühle, mich zu mehr Selbstannahme führen kann. Da, wo ich mich diesen Gefühlen stelle, wo ich sie zulasse, da kann ich sie umgestalten. So erkenne ich nun, was Mystikerinnen und Mystiker mit dem Leerwerden wirklich gemeint haben. Die Chance der Leere in Bezug auf mich, andere und auf Gott, liegt in deren Erneuerung: Da, wo ich festgemachte Bilder loslasse, wo ich versuche, innerlich leer zu werden, da zeichnet sich die Spur zu mehr Klarheit und Echtheit ab. Die Stille ist der Weg dazu.

Biblische Vertiefung

Ich ließ meine Seele ruhig werden und still; wie ein kleines Kind bei der Mutter ist meine Seele still in mir (Psalm 131,2).

In sich jene tiefe Geborgenheit finden, die meinem Sein Sinn verleiht, geschieht im alltäglichen Einüben von Stille-Momenten. Dieser Prozess ist möglich in allen Arbeiten, die wir tun, wenn wir ihnen eine neue Dimension zu verleihen versuchen: die, dass unser Wert letztlich aus unserem Sein entspringt. Anfänglich scheinen wir dazu keine Zeit zu haben. Diesem Trugschluss verfallen wir, wenn wir weiterhin das Ruhigwerden als Grundbedürfnis aus unserem Leben ausklammern.

Was ist uns wieviel wert in unserem Leben? In Momenten von Hektik und größter Spannung entlasten wir uns zu schnell und geben dem oberflächlichen Gefühl nach, dass es nun wirklich nicht möglich sei, ruhig und still zu werden. Je mehr wir durch die Umstände des Lebens, die Wohn- und Arbeitssituation gefordert sind, umso mehr brauchen wir Distanz, um uns nicht zu schnell mit lebensbedrohlichen Umständen abzufinden. In solchen Situationen erinnere ich mich gerne an die treffenden Worte des Franz von Sales:

»Nimm dir täglich eine halbe Stunde Zeit zum Gebet, außer wenn du sehr viel zu tun hast, dann nimm dir eine Stunde Zeit.«

Natürlich gibt es Orte, die Schritte in die Stille besonders fördern, wie ich dies nach langem Wohnen mitten in einer Großstadt nun hier außerhalb der Stadt erfahre. Doch auch am schönsten Ort der Stille kann ich durch innere Unruhe und Erwartungsdruck der andern immer beschäftigt sein. Es geht um die Grundentscheidung, mehr im Hier und Jetzt zu leben und dies alltäglich einzuüben. Diese Entscheidung lässt uns auch weiterhin unsere Sehnsucht nach Stille nie ganz erfüllen.

In der christlichen Mystik kann es nicht darum gehen, dass ich »endlich meine Ruhe habe!« Trotzdem verheißt uns der Psalmvers, schweigend unser Leben vertiefen zu können, damit wir es besser bestehen können und aus einer inneren Ruhe heraus uns auf den Weg der Gerechtigkeit hin bewegen lassen: einen Weg, der, wie die Praxis Jesu zeigt, in der Spannung zwischen Rückzug und Zuwendung gelingen kann. Obwohl in den Evangelien meist nur in Nebensätzen vom Rückzug Jesu die Rede ist, erfahren wir dadurch doch die Notwendigkeit seines schweigenden Betens, das sich besonders auch in der Nacht und an einsamen Orten in der Schöpfung ereignet.

Sich so einen Ort suchen, wo ich regelmäßig hingehe, fördert und konkretisiert den Wunsch, vermehrt Wege zur inneren Quelle zu finden.

Mystische Vertiefungen

Ich will mich also aufmachen und die Gabe des Schweigens, der Armut und der Einsamkeit suchen, damit sich alles, was ich berühre, in Gebet verwandelt, damit der Himmel mein Gebet ist, damit die Vögel mein Gebet sind, damit der Wind in den Bäumen mein Gebet ist. Gott ist alles in allem ... Je mehr ich in die Einsamkeit eindringe, desto klarer gewahre ich das Gut-Sein aller Dinge. Um glücklich in der Einsamkeit leben zu können, benötige ich ein barmherziges Erkennen des Gut-Seins der ganzen Schöpfung und ein demütiges Erkennen des Gut-Seins meines Leibes und meiner Seele. Wie vermöchte ich wohl in der Einsamkeit zu leben, wenn ich nicht überall das Gut-Sein Gottes, meines Schöpfers und Erlösers und des Vaters alles Guten erblickte?[12]

Abgeschiedenheit und Schweigen werden nach dem Dichtermönch Thomas Merton nicht durch Weltverneinung belebt, sondern durch intensives Genießen der Schöpfung. Schweigen wird zum Gebet im Verweilen in der Schöpfung. Dabei soll jede Zelle meines Seins daran erinnert werden, dass unser Leben Sinn im Verweilen, im Vertiefen, im Dasein hat. Die Schöpfung eröffnet uns diese lebensnotwendige Sicht. Dorothee Sölle umschreibt:

Die Natur ist ein Buch, in dem wir lesen können, sie ist nicht verschlossen oder feindlich, nicht neutrales Objekt, das wir benutzen können, sondern Spiegel, in dem wir uns erkennen, Mitteilung des Lebens, das sich selbst mitteilt. Was sagt uns denn die Rose?

› Die Ros ist ohn Warum, sie blühet, weil sie blühet,
Sie acht nicht ihrer selbst, fragt nicht, ob man sie siehet.‹

In diesem Zweizeiler fasst Angelus Silesius seine Antwort auf die Frage nach dem Sinn des Lebens zusammen. Während wir gemeinhin denken, dass wir mehr sind als die Rose, einer höheren Seinsordnung angehören, macht er die Rose zum Urbild – und Vorbild – des wahren Seins. Sie ist ohne Zweck, nicht für etwas anderes da, nicht gebrauchbar, sondern in sich selbst sinnvoll ... Das Dasein ist nicht Mittel für etwas anderes, sondern hat seine Rechtfertigung in sich selbst. Es braucht keine Anerkennung von außen, die ihm seine Würde erst gäbe, die Rose ›fragt nicht, ob man sie siehet‹.[13]

Darin besteht unsere Lebensaufgabe, still werden zu können, um anders zu leben, um weniger auf Anerkennung von außen angewiesen zu sein, weil wir von Gott vom ersten Moment unseres Lebens an zutiefst anerkannt und angenommen sind. Dieses Grundgeschenk dürfen wir uns in Schweige-Momenten täglich in Erinnerung rufen.

Spirituelle Alltagsübungen

■ *Alltägliche Situationen nutzen, um bei mir zu Gast zu sein*

In jedem Menschen ist ein Raum, zu dem niemand Zutritt hat. Da, wo Gott in meinem Innersten wohnt und mich neu belebt. Diese Quelle ist schon da. Ich kann sie nicht durch gute Werke hervorbringen. Das Fließenlassen dieser Quelle bringt befreiendes Engagement hervor. Mitten im Alltag werde ich mir dieses Geschenkcharakters des Lebens bewusst:

– Ich unterbreche meine Arbeit mehrmals pro Tag, um 1-2 Minuten gut und gerade dazusitzen, meine Augen zu schließen und tief durchzuatmen, um in Berührung zu kommen mit meiner göttlichen Quelle in mir.
– Ich gestalte am Arbeitsplatz und/oder in der Wohnung einen kleinen Ort, der mich zum Innehalten einlädt: mit einer Kerze, Blumen, farbigem Tuch, Steinen ... Ich nehme mir zweimal am Tag Zeit, während meiner Arbeit, um innezuhalten, zum Beispiel beim Verweilen vor der brennenden Kerze. Ich entwickle mir ein Ritual, das mir hilft, mich gehalten zu wissen. Diese Zeit des Auftankens gönne ich mir besonders, wenn ich viel zu tun habe, wie dies Franz von Sales anregt:
  »Nimm dir jeden Tag eine halbe Zeit zum Stillwerden, außer wenn du viel zu tun hast, dann nimm dir eine Stunde Zeit!«

■ *Einen Abend pro Woche zu Gast bei mir sein*

»Es muss feste Bräuche geben...«, sagt der Fuchs zum kleinen Prinzen im gleichnamigen Buch von Antoine de Saint-Exupéry. Um nicht gelebt zu werden, sondern um mehr aus meiner Mitte heraus mein Leben zu gestalten, um nicht nur auf das zu reagieren, was von außen an mich herankommt, sondern um aus meinem Innersten heraus zu agieren, braucht es eine feste Abmachung mit mir selber. Planung, Strukturen sind da, um mir mehr Lebensqualität zu ermöglichen. Dabei schützt die Regelmäßigkeit vor der Überforderung, sich immer neu entscheiden zu müssen.

- Ich nehme wahr, welchen Abend, Morgen oder Nachmittag ich mir in den Kalender mit grünem Stift eintrage, um ihn für mich freizuhalten. Um mich ernst zu nehmen, informiere ich meine Familie, meinen Freundeskreis von *meiner* Zeit, in der ich nicht ansprechbar bin. Ich schalte das Telefon aus, lege Arbeitsmaterial bewusst beiseite und richte mich gemütlich ein. Ich übe mich während der ersten halben Stunde im Dasein, in der Stille oder im bewussten Hören von Musik ein. Für die restliche Stunde entscheide ich mich für eines meiner Lebensthemen, das mir im Moment am wichtigsten ist. Während einiger Wochen versuche ich bewusst mit dem einen Thema in die Tiefe zu gehen, im Aufschreiben, Malen, Tonen...
  Ich schließe den Abend mit einem Spaziergang ab und wähle dazu eines der folgenden Gebete aus, das mir hilft, Gottes Spur in meiner Geschichte zu entdecken.
- Ich wähle einen Weg aus, den ich regelmäßig (je nach Jahreszeit) begehe, um meine Woche schweigend vertiefen zu können und um das Staunen in der Schöpfung neu zu lernen.

■ *Einen Meditationskurs besuchen*

– Um regelmäßig morgens und abends schweigend sitzen zu können, besuche ich einen Meditationskurs, der mir helfen wird, im Schweigen jene Lebenskraft zu entdecken, die mich verbindet mit allen Menschen und der ganzen Schöpfung.

– Ich bin achtsam auf Äußerungen von Menschen, die auch das Bedürfnis nach regelmäßiger Stille haben. Ich ergreife die Initiative, um einmal pro Woche oder jeden Morgen vor der Arbeit mit andern schweigend zu beten. Dies muss nicht vorbereitet werden. Es kann eine Hilfe sein, vor dem Schweigen einen Gedanken dieses Buches laut zu sagen, damit er uns beleben kann. Die Lieder aus Taizé, die in vielen Buchhandlungen erhältlich sind, helfen auch, um gemeinsame Stillezeiten zu eröffnen und abzuschließen.

■ *Oasentag/-stunden verwirklichen*

So wie die Natur auch ihre Brachzeit hat, so kann auch ich einen Rhythmus entwickeln, nach dem ich einmal pro Monat einen Oasentag einplane. Die Erfahrung zeigt, dass es hilfreich sein kann, immer denselben Tag freizuhalten, z.B. den ersten Samstag im Monat. Der Rhythmus erlaubt je nach familiärer und/oder beruflicher Situation mir langfristig Freiräume zu eröffnen, im Eingeben von Urlaubsfreitagen oder durch Planen eines Kinderhütedienstes etc.

– Ich ziehe mich in die Stille zurück. Ich nehme etwas zum Essen und Trinken mit und ziehe los, um mit mir selber in der Schöpfung zu sein. Ich muss nirgends ankommen, sondern laufe in meinem Tempo und gönne mir Ruhepausen zum Verweilen. Ich habe mein

Oasenbuch in meiner Tasche, worin ich nachlesen kann, was ich vor einem Monat geschrieben habe und wo ich schreibend, malend neue Erfahrungen vertiefen kann.

– Ich gehe regelmäßig an einen Ort der Hoffnung, in ein Kloster, eine Kirche, an eine Quelle, einen Aussichtspunkt, zu einem Baum, der mich stärkt und wo ich auch eine Möglichkeit zum Gespräch habe.

– Dasein einüben, indem ich mir etwas gönne, was mir gut tut: Zum Beispiel mir eine Rose schenken (lassen), mich freuen an ihrem Da-Sein und sie in Verbindung mit folgendem Gedicht bringen:

Nur eine Rose als Stütze

Ich richte mir ein Zimmer ein in der Luft
unter den Akrobaten und Vögeln:
mein Bett auf dem Trapez des Gefühls
wie ein Nest im Wind
auf der äußersten Spitze des Zweigs.

Ich kaufe mir eine Decke aus der zartesten Wolle
der sanftgescheitelten Schafe die
im Mondlicht
wie schimmernde Wolken
über die feste Erde ziehn.

Ich schließe die Augen und hülle mich ein
in das Vlies der verlässlichen Tiere.
Ich will den Sand unter den kleinen Hufen spüren
und das Klicken des Riegels hören,
der die Stalltür am Abend abschließt.

Aber ich liege in Vogelfedern, hoch ins Leere gewiegt.
Mir schwindelt. Ich schlafe nicht ein.
Meine Hand
greift nach einem Halt und findet
nur eine Rose als Stütze.

Hilde Domin[14]

Weg-Gebete

Schweigen möchte ich
um dadurch dich in allen Dingen wieder zu entdecken

Zu Gast bei mir selber möchte ich sein
meine innere Unruhe aushalten
sie im Schweigen verwandeln lassen von dir

Schweigen möchte ich
leer werden
damit du mich erfüllen kannst

Zu Gast bei mir selber möchte ich sein
um meine Beziehungen vertiefen zu können
und dich als Grund aller Beziehungen zu sehen

Schweigen möchte ich
im bewussten Ein- und Ausatmen
Alltagssorgen loslassen versuchen
um behutsam dich als Lebensquelle zu erahnen

Zu Gast bei mir selber möchte ich sein
Dankbares Staunen über all das Gute
das mein Leben bereichert
wohlwollendes Annehmen der Schattenseiten
meines Lebens

Schweigen möchte ich
mich befreien von unnötigen Verpflichtungen
mich heilen lassen von deiner Zuwendung

◆

Schweigen
nicht aus Verstummheit
sondern horchend mich erfüllen lassen
von deiner kraftvollen Gegenwart

Schweigen
nicht aus Beziehungsangst
sondern um mir
andern
der Schöpfung
näher zu sein
im vertiefenden Loslassen meiner Erfahrungen

Schweigen
nicht aus Sprachlosigkeit
sondern aus der Sehnsucht
danach neue Worte zu finden
auch Worte des Protestes
die aus deiner Stille gewachsen sind

Schweigen
nicht aus Verlegenheit
sondern um danach
bewusster zuhören zu können
auch die verschlüsselten Botschaften
und subtilen Lebensschreie

Schweigend
Einsamkeit als Grundexistenz
unseres Lebens annehmen
um alltäglich sterben und auferstehen zu können

4. KLAGEN UND TRAUERN FÖRDERN

Jammern getrauen wir uns alle. Jammern als Dauerzustand, um nichts verändern zu müssen. Jammern, um meine Verwandlungsmöglichkeiten gar nie ausschöpfen zu wollen. Jammern, um mir und andern zu bestätigen, dass es da nichts zu machen gibt: nach Dorothee Sölle der »gottloseste Satz des Alltags«. Denn dadurch beteiligen wir uns »sehenden Auges daran, das Wasser unser Enkel zu vergiften und die verstrahlten Kinder von Tschernobyl zu verdrängen.[15]« Jammern fördert Resignation.

Eine lebensfördernde Haltung steckt dagegen im Klagen. Wir brauchen Klageräume; auch in uns selber, um das auszudrücken, was in uns revoltiert und uns frustriert. Unsere Wut braucht Entfaltungsorte, wo himmelschreiende Meldungen nicht zu schnell Opfer der Tagesordnung werden.

Wir brauchen Trauerräume, wo unsere Tränen fließen können, wo Menschen in ihrem Rhythmus so lange trauern können, bis Verwundungen geheilt worden sind. Klage- und Trauerräume werden zu Hoffnungsorten, wenn wir uns darin nicht alleine gelassen fühlen; wenn ich mich mit meiner Wut und meinen Tränen nicht verstecken muss und erst dann wieder erscheinen kann, wenn ich alles im Griff habe.

Als Mann habe ich gut gelernt, mit meiner Not alleine zu bleiben. Höchstens danach, wenn ich meine Gefühle wieder unter Kontrolle hatte, redete ich über meine Not. Dabei nährte ich tief in mir die Gewissheit, dass Schwäche, Tränen, Ohnmacht eigentlich nicht zu mir gehören dürfen. Heilend-befreiend ist die Erfahrung nicht erst im Nachhinein, sondern schon in der Not, mich anzuvertrauen. »Was denken die andern, ich will sie nicht belasten, es ist doch lächerlich!«, sind Gedanken, die mir zuerst durch den

Kopf gehen. Da beginnt der Weg gegen den Strom zur Quelle, wenn ich immer und immer wieder als klagender Mensch intensives Leben in mir und um mich herum fördere.

Dies gilt auch für das Austragen von Konflikten, die oft unserem Klagen zugrunde liegen. Dabei hilft mir die Grundhaltung, dass ich im Aussprechen eines Konfliktes der andern Person zeige, dass sie mir wichtig ist, dass ich mich mit ihr auseinandersetzen will. Wir brauchen eine neue Konfliktkultur, wo sich die Wut über eine Person verwandeln lassen kann. Um mich in der Spirale der Gewalt nicht zu verstricken, ist es nicht sinnvoll, tiefe Wut sofort bei der betreffenden Person herauszulassen. Manchmal wird es nie möglich sein, direkt diese Wut mitzuteilen. Ich kann die Wut auch leben – im Aufschreiben, Malen, Hinausschreien im Wald ...

Eine zweite Grundhaltung ist für mich hilfreich: Im Ausdrücken von Wut meine ich nie die ganze Person, sondern nur diesen Teil von ihr, der mich so sehr ärgert. Dies kann einem Schatten von mir gelten, den ich nicht wahrhaben will und darum bin ich umso mehr verärgert. Daraus kann ein Zerrbild einer Person entstehen, das die Gefahr in sich birgt, die ganze Person zu entwerten. Wut in der Sehnsucht nach Versöhnung zu leben, heißt den schlimmsten Täter mit den Augen Gottes zu sehen versuchen, ihm Verwandlung zuzusprechen. Sogar bei ganz schwerwiegenden, gewaltvollen Handlungen, wie Vergewaltigung, sexueller Missbrauch, liegt da die Spur zur Versöhnung: Versöhnung, die nur echt ist, wenn ich all meine Wut, meine Verletzungen ausdrücken kann und mir genügend Zeit dazu lasse; Versöhnung, die viel Geduld braucht, weil sie nicht machbar ist. Auch dadurch kann ich lernen, mich als verletzlichen Menschen anzunehmen, der viel Zeit zur Versöhnung braucht. Das Wachhalten von Klagen und Trauern hilft mir dabei.

Biblische Vertiefung

Die biblischen Klage-Psalmen ermutigen mich, all meine Gefühle vor Gott auszusprechen, immer mit der Bitte, dass er Gerechtigkeit schaffe. Durch jahrelanges Meditieren aller Psalmen, die ich dann auch aktualisiert habe, konnte ich mich von vielem befreien lassen. Tiefe Dankbarkeit spüre ich diesen Gebeten gegenüber. Mein spiritueller Weg ist sehr geprägt durch sie.

Klagen und Trauern in unser Leben zurückholen führt zu einer Veränderung unseres Gottes- und Jesusbildes. Auf der Suche nach einem barmherzigen Gott sind wir in Gefahr, ihm all das Leidenschaftliche abzusprechen, das sich in der biblischen Botschaft findet. Der Gott des Ersten und des Zweiten Testamentes ereifert sich zum Glück, wenn Unrecht geschieht, sein Zorn wird erfahrbar, wenn Menschen unterdrückt werden. Trotzdem glaubt der Gerechtigkeit stiftende Gott unermüdlich an das Gute im Menschen. Um diese spannungsgeladene Gratwanderung kommen auch wir nicht herum, außer wir würden die Liebe aufs »Nett-Sein-zu-allen« reduzieren! Helene Hoerni-Jung schreibt in ihrem beachtenswerten Kommentar zu einer Ikone, die einen grimmigen Jesus zeigt: »Ich sage nicht, dass Gott im Alten Testament nur als Zürnender dargestellt werde; aber ich bin der Auffassung, dass dieser Aspekt nicht vergessen werden darf neben den unendlich schönen Lob- und Preisliedern: Beide Aspekte ehren Gott. Sein Bild wird uns vielleicht dunkler, aber um so kraftvoller und kommt so unseren eigenen Lebenserfahrungen näher. Wer nun denkt, dieses dunklere und zwiespältige Gottesbild sei vom Neuen Testament mit seiner Frohbotschaft endgültig überholt, dem sei entgegengehalten, dass mindestens die Evangelien auch einen zornigen Sohn Gottes kennen.«[16]

Auch in der Geschichte des blinden Bartimäus (Markus 10,46-52) habe ich bestärkende Orientierungspunkte gefunden, um mein, unser Klagen und Trauern zu befördern:

- ❐ Wahr-nehmen der eigenen Not und sie laut herausschreien (46-47).
- ❐ Mit Widerstand rechnen: Menschen, die mich vorschnell beruhigen wollen (48a).
- ❐ Beharrlich noch lauter schreien, Schreien als Lebenskraft entfalten (48b).
- ❐ Trotz dem Schreien horchend sein auf Hoffnungsworte (49a).
- ❐ Sich helfen, unterstützen, ermutigen lassen von andern (49b).
- ❐ Aufstehen, Altes loslassen, verletzlich werden, Wagnis einer unbekannten Begegnung eingehen (50).
- ❐ Lernen zu sagen, was ich brauche; in meinem Lebensschrei liegt die Antwort (51).
- ❐ Meiner Verwandlung trauen, aufbrechen, neues Verhalten mit Geduld einüben (52).

Mystische Vertiefung

Die mystischen Erfahrungen der vereinigenden Nähe Gottes hat die Mystikerinnen und Mystiker nicht vom Klagen enthoben. Kraftvoller denn zuvor
sprechen sie aus, was sie als sensible Menschen spürten. So finden wir bei
Hildegard von Bingen eine Klage der Schöpfungselemente, die aktueller nicht
sein könnten. Sie fordern uns zum Widerstand gegen die zerstörte Schöpfung
auf – im Klagen und Trauern:

*Und ich hörte, wie sich mit einem wilden Schrei die Elemente der Welt
an den Mann Gottes wandten. Und sie riefen: › Wir können nicht mehr
laufen und unsere Bahn nach unseres Meister Bestimmung vollenden.
Denn die Menschen kehren uns um mit ihren schlechten Taten wie in
einer Mühle von zu unterst bis zu oberst. Wir stinken schon wie die Pest
und vergehen vor Hunger nach der vollen Gerechtigkeit.‹*

*Ihnen antwortete Gott: › Mit meinem Besen will ich euch reinigen und
die Menschen so lange heimsuchen, bis sie sich wieder zu Mir wenden.
In der Zwischenzeit aber werde Ich viele Herzen vorbereiten und hin-
ziehen zu Meinem Herzen. Mit den Qualen derer, die euch verunreinigt
haben, will Ich euch reinigen, so oft ihr besudelt werdet. Wer denn auch
wäre Mir gewachsen?‹ Doch nun sind alle Winde voll vom Moder des
Laubes, und die Luft speit Schmutz aus, so dass sie nicht einmal recht
ihren Mund aufzumachen wagen. Auch welkte die grünende Lebenskraft
durch den gottlosen Irrwahn der verblendeten Menschenseelen. Nur
ihrer eigenen Lust folgen sie noch und lärmen: Wo ist denn ihr Gott,
den wir niemals zu sehen bekommen?*

*Ihnen antworte Ich: Seht ihr Mich denn nicht Tag und Nacht? Seht ihr
Mich nicht, wenn ihr sät und wenn die Saat aufgeht, von Meinem Regen
benetzt? Ein jedes Geschöpf strebt hin zu seinem Schöpfer und erkennt
ganz klar, dass nur Einer es hervorgebracht hat. Nur der Mensch ist ein
Rebell. Er zerreißt seinen Schöpfer in einer Vielzahl der Geschöpfe.*[17]

Spirituelle Alltagsübungen

■ *Mich mit meiner Wut anfreunden*

Im Schreien komme ich meiner Lebenskraft auf die Spur. Ein Kind, das auf die Welt kommt, muss schreien, um zu überleben. Das verletzte Kind in mir braucht Ausdrucksmöglichkeiten, um geheilt zu werden, um neue Lebendigkeit zu spüren. Weinen, schreien, klagen können sind Lebenszeichen.

– Falls es mir schwer fällt, meine Wut überhaupt zu spüren und ich durch meine Sozialisation Mühe habe sie auszudrücken, versuche ich mich mit meiner Wut anzufreunden. Ich schreibe einen Brief an meine Wut und frage sie, was sie mir sagen will, worauf sie mich aufmerksam machen möchte. Am Ende eines Tages nehme ich achtsam wahr, wo sich bei mir den Tag hindurch ganz subtil die Wut gemeldet hat. Ich trete in Dialog mit ihr und versuche die Spur zu meiner Lebenskraft in meiner Wut zu entdecken.

■ *Ausdrucksmöglichkeiten für meine Wut finden*

– Ich richte in meinem Zimmer, in meiner Wohnung eine Klagewand ein, wo ich aufschreiben kann, was mich wütend macht, was ich zu beklagen, zu betrauern habe.
(Diese Möglichkeit besteht auch in öffentlichen Räumen wie Kirchgemeindehäusern oder am Arbeitsplatz, um solidarisch einzuüben, was uns den Atem der Hoffnung zu ersticken droht!)

– Ich gestalte mir ein »Wutbüchlein«, um mitten im Alltag achtsamer meine Aggressionen, die ich nicht ausleben kann, wahrzunehmen und aufzuschreiben. Mit der Zeit kann ich entdecken, welches die Hauptmotive meiner Wut sind.
– Ich experimentiere, wie es mir am besten gelingt, meine Wut auszudrücken: im Malen, Gestalten von Holz/Stein, im Springen und Schreien durch den Wald, im Aufschreiben auf ein Stück Papier, das ich danach zerreiße oder in den Papierkorb »knalle«.
– Ich spüre nach, durch welche sportliche und/oder handwerkliche Aktivität ich meine Wut verwandeln lassen kann, ohne dass ich dabei andern schade.

■ *Konfliktfähig werden*

– Wenn ich Konflikte an- und ausspreche, drücke ich dadurch dieser Person meine Wertschätzung aus und ich gestehe ihr Verwandlung zu.
Dabei gehe ich konsequent von mir aus und übe mich, klare Ich-Botschaften zu geben. Ich achte darauf, nicht zu moralisieren und nicht zu verurteilen (auch nicht mit subtilen Nebensätzen), sondern teile mit, was mir Mühe macht, was mich ärgert, womit ich mich schwer tue.
– Nicht immer ist es möglich, die Konflikte mit der betreffenden Person auszutragen, weil sie sich weigert, krank oder schon gestorben ist. Um nicht in der Spirale der Gewalt gefangen zu sein, schreibe ich einen Brief an die betreffende Person, ohne dass ich ihn je abschicke. Da schreibe ich alles auf, was mich wütend macht. Je nach Situation kann es nach einer gewissen Zeit sinnvoll sein, ihn zu verbrennen.

- **■** *Trauerrituale fördern*

– Nach dem Tod eines Menschen, den ich gern habe, richte ich mir einen Ort ein, wo ein Photo oder ein Symbol, das uns verbindet, steht und ich regelmäßig eine Kerze entzünden kann, um meinem Schmerz und meiner Hoffnung Ausdruck zu verleihen.

– Ich nehme mir soviel Zeit, wie ich brauche, um mich von einem Menschen zu lösen und um eine neue Beziehungsebene über den Tod hinaus zu finden. Mit andern zusammen schaue ich mir die Photos an, die uns an die gemeinsame Zeit erinnern. Dabei können wir weinen und lachen und erfahren, wie leibhaftig ein Mensch nach dem Tode gegenwärtig sein kann.

– Ich besuche alleine oder mit andern die Orte, die der verstorbenen Person lieb waren. Ich verweile da im tiefen Ein- und Ausatmen und wachse hinein in die Tiefendimension unseres Leben: Tod und Auferstehung. Im Loslassen kann neues Leben uns geschenkt sein.

– Da, wo während der Begleitung zum Sterben und nach dem Tode sich Wut und Ärger über diese Person zeigt, kann es heilsam sein, am Grabe dieser Person die ganze Wut auszudrücken, um davon befreit zu werden und um loslassen zu können.

– Beim Auseinandergehen einer Beziehung oder bei einer Scheidung überlegen wir zusammen, wie wir ein Abschieds- und Trauerritual gestalten wollen. Wir fragen eine Freundin, einen Freund an, ob er/sie uns helfen kann, ein Trauerritual zu suchen und zu gestalten: Wir geben einander Symbole, Gegenstände bewusst zurück, die eine Person nicht mehr bei sich haben möchte. JedeR teilt mir, was ihr/ihm am schwierigsten und am kraftvollsten war während der gemeinsamen Zeit. JedeR überlegt, wo sie der/dem anderen Verwandlung zugesteht und was sie/er ihm/ihr wünscht für die Zukunft...

- *Mich mit Ungerechtigkeit nicht abfinden*

- All-täglich übe ich mich ein (beim Warten, in einer Pause), tief ein- und auszuatmen, um aus dem Bauch herauszuatmen und um wahrzunehmen, was mir die Luft zum Leben nimmt.
- Ich nehme an Demonstrationen teil und drücke mit andern meine Klage und unsere konstruktive Kritik aus.
- Mit Petitionen und Unterschriftensammlungen wehre ich mich für mich selber und für andere, wenn Unrecht geschieht. Ich suche Verbündete, damit wir uns im Widerstand und Aushalten von Durststrecken ermutigen und solidarisch tragen können.

- *Versöhnungsrituale feiern*

- In unserer Kapelle feiern wir einmal pro Woche ein Versöhnungsritual. Alle Teilnehmenden erhalten ein kleines Stück Papier, worauf sie schreiben, zeichnen können, was sie traurig und/oder wütend macht, wo sie sich Versöhnung wünschen – mit sich selber, mit der eigenen Geschichte, mit andern, in den Revolten über Ungerechtigkeiten in nah und fern und in alldem mit Gott. Dieses Papier kann ich dann verbrennen, damit meine Ohnmacht, meine Aggressionen, meine Trauer, meine Schuld verwandelt werden können.
- Zu Hause stelle ich eine große Schale auf, worin ich das verbrennen kann, was mich lähmt, wo ich nicht mehr weiterkomme, weil ich mir selber im Wege stehe. Ich kann auch in meiner Imagination regelmäßig etwas in diese Schale legen, um es Gott zu übergeben, damit es verwandelt werden kann. Denn ich habe meinen Beitrag zur Versöhnung einzubringen, jedoch ist sie nicht machbar.

Weg-Gebete

Klagende sind wir
untröstlich über das Leid
das Menschen widerfährt

Schreiende sind wir
unversöhnlich allen Firmen gegenüber
die Menschen mit Pestiziden bestreuen
um uns billigere Früchte zu verkaufen

Klagende sind wir
unerschütterlich im Widerstand
gegen den zunehmenden Stellenabbau

Schreiende sind wir
unermüdlich im Sammeln von Unterschriften
für Verschwundene und Gefolterte

Klagend
Schreiend
bestärken wir einander
in unseren Solidaritätskundgebungen
wo wir auch unsere Lebensfreude durch Lieder, Tänze
und Essen aus anderen Kulturen genießen können

Klagend
schreiend
bist du uns nahe
weil du uns aufforderst alltäglich
das Leben zu wählen

◆

Trauer- und Klageräume brauchen wir
Orte der Zuwendung
in unserem Schmerz über den Tod eines lieben Menschen
in unserer Wut über den Verlust des Arbeitsplatzes
in unserer Sprachlosigkeit über das Zerbrechen von Beziehungen

Trauer- und Klageräume brauchen wir
Orte der Tränen
die fließen dürfen
auch bei Männern
die uns sensibel bleiben lassen für alle Not

Trauer- und Klageräume brauchen wir
Orte der Hoffnung
wo wir gemeinsam Ohnmacht aushalten
einander tröstend Tränen abwischen
leise erahnen wie du in diesem zärtlichen Widerstand
gegenwärtig bist als hoffnungsstiftende Kraft

Gedicht

Gib mir die gabe der tränen gott
gib mir die gabe der sprache

Führ mich aus dem lügenhaus
wasch meine erziehung ab
befreie mich von meiner mutter tochter
nimm meinen schutzwall ein
schleif meine intelligente burg

gib mir die gabe der tränen gott
gib mir die gabe der sprache

Reinige mich vom verschweigen
gib mir die wörter den neben mir zu erreichen
erinnere mich an die tränen der kleinen studentin in göttingen
wie kann ich reden wenn ich vergessen habe wie man weint
mach mich nass
versteck mich nicht mehr

Gib mir die gabe der tränen gott
gib mir die gabe der sprache

Zerschlage den hochmut mach mich einfach
lass mich wasser sein das man trinken kann
wie kann ich reden wenn meine tränen nur für mich sind
nimm mir das private eigentum und den wunsch danach
gib und ich lerne geben

Gib mir die gabe der tränen gott
gib mir die gabe der sprache
gib mir das wasser des lebens

Dorothee Sölle[18]

5. Geniessen können

Nicht genügen, zu hohe Ansprüche an sich selber haben, sich zu sehr über die Leistung zu definieren, sind Grundhaltungen in mir, die ich auch bei vielen anderen engagierten Menschen entdecke. Ich nenne sie die »grauen Eminenzen«, deren Stimmen eine große Wirkung haben können.

»Was machst du denn überhaupt?!«, ist einer jener Sätze, der in mir immer wieder auftaucht. Besonders in den Anfängen unseres Projektes »Offenes Kloster«, wo ein großer Teil meines Tages in der Präsenz, im Zeit-Haben für Gäste, im Gestalten von Hausarbeiten lag, tauchte dieser destruktive Satz oft auf. Vernichten lässt sich so eine Stimme nicht. Sie will gehört werden. Nur so kann sie verwandelt werden. Denn sie ist Teil einer langen Zeit meines Lebens, wo ich zu wenig Ferien machte und viel zu viel arbeitete. Das gehört zu meiner Geschichte und ich kann nicht von ihr davonspringen. Unterdrückung unerwünschter Gedanken hilft uns nicht weiter. Dies sagt auch der weise buddhistische Mönch Thich Nhat Hanh: »Wir wissen, sobald es Unterdrückung gibt, gibt es Rebellion – Unterdrückung zieht Rebellion nach sich. Echter Geist und falscher Geist sind eins. Den einen verleugnen heißt, den anderen verleugnen. Unser Geist ist unser Selbst. Wir können ihn nicht unterdrücken. Wir müssen ihn mit Respekt, mit Sanftmut und absolut ohne Gewalt behandeln.«[19]

Als Mensch, der sich verwandeln lassen möchte, kann ich im Gespräch mit den »grauen, destruktiven Eminenzen« in mir kraftvoll dagegensetzen: »Nein, so nicht mehr!« oder »Ich darf genießen und mich ausruhen!«

Die biblischen Erzählungen der Dämonenaustreibungen, die mir fremd blieben und die ich nicht gerne las, sind mir nun auf einmal sehr vertraut geworden. Jesus stellt sich den destruktiven Stimmen als lebensfördernde Kraft machtvoll entgegen und bringt sie zum Schweigen. Diese Kraft gilt es in uns zu entwickeln, um ein gutes Gleichgewicht zwischen Arbeit und Freizeit zu finden.

In Begegnungen mit Menschen aus Lateinamerika und Afrika bin ich beeindruckt, wie sehr sie trotz einer Fülle von Problemen, die es anzupacken gilt, die Kunst des Genießens, der Lebensfreude, des Feierns, des Essens, Tanzens und Singens behalten haben. Liegt nicht darin die Wurzel zur Solidarität, die in unserer Kultur so sehr fehlt?

Biblische Vertiefungen

Im ersten biblischen Schöpfungsbericht begegnen wir einem Gott, der immer wieder sagt: Es ist gut so. Diese lebensbejahende Grundhaltung verdichtet sich am siebten Tag. Gott ruht aus und und genießt sein Werk. Als Abbild Gottes hilft mir dieser Text sehr, um die göttliche Tugend des Ausruhens, des Genießens in mein Leben zu integrieren. Ich werde gottähnlich, wenn ich im Liegestuhl liege, die Sonne genieße, stundenlang dem Spiel junger Katzen zusehe, durch die beruhigende Wirkung des Fließens einer Quelle einschlafe.

Wenn Jesus vom Anbrechen der neuen Welt Gottes spricht, verwendet er in Gleichnissen am meisten das Bild vom Essen und Trinken. Er leistete es sich, stundenlang mit Menschen beim Mahl zusammen zu sein. Nicht zufällig wird er als »Fresser und Säufer« (Lukas 7,34) verschrien. In diesem gemeinsamen Feiern und Zusammensein lebt Jesus ganz konkret seine Solidarität auch mit jenen Menschen, die nichts zählen, die abgeschrieben sind. Genießen, lachen, schöpferisch sein lassen sich in vielen biblischen Begegnungen entdecken. Auch Genießen, das den Narzissmus überwindet und uns hilft, lust- und verantwortungsvoll unsere Sexualität zu gestalten. Dabei muss die Kluft zwischen menschlicher und göttlicher Liebesfähigkeit überwunden werden, wie dies auch Dorothee Sölle leidenschaftlich fordert:

> *Die so genannte Fleischeslust wurde verworfen, statt sie als einen Weg zu sehen, auf dem wir uns selbst und Gott erkennen; das Christentum hat in seiner Sexualfeindschaft unser Bedürfnis nach dem Unbedingten verraten. Statt Sexualität als Zeichen der Gegenwart Gottes unter uns zu preisen, hat die repressive christliche Tradition ihren sakramentalen Charakter als leibhaftes Symbol der Gnade zerstört.*
> *Sexualfeindschaft und sexuelle Unterdrückung gefährden nicht nur die Bejahung unserer Leiblichkeit und das Lob unseres Daseins als sexuelle Geschöpfe. Die schlimmste Auswirkung dieses repressiven Erbes besteht vielleicht darin, dass sie den menschlichen Wunsch nach seelischer und*

sozialer Ganzheit kaputtmacht und die Integration von Sexualität und Liebe als Unmöglichkeit erscheinen lässt. Zwischen der Verherrlichung der christlichen Liebe und der gleichzeitigen Verdammung ihres elementarsten und zwingenden Ausdrucks herrscht ein schreiender Widerspruch ... Anstatt uns auch im Sexuellen einem unbarmherzigen Leistungsprinzip zu unterwerfen, können wir in einer Beziehung erfahren, wie viel Trost wir einander spenden können. Dass uns jemand nach einem Verlust oder einer Verletzung körperlich zu trösten vermag, beweist, wie falsch es ist, Eros und Agape voneinander zu trennen. Die Liebe erträgt, glaubt, hofft und duldet in der Tat alles (1. Korinther 13,7), und in erfüllter sexueller Beziehung haben wir Anteil an diesem Sein der Liebe und lernen das Ertragen, Glauben, Hoffen und Dulden. Die Liebe verschwistert uns mit der Welt. Wir werden immer verfügbarer füreinander in einer Beziehung, die Eros und Agape verkörpert.[20]

Mystische Vertiefungen

Teresa von Avila umschreibt ihre mystischen Erfahrungen der Vereinigung mit Gott mit den zwei befreienden Worten: GOTT GENIESSEN. Das sind jene Momente in unserem Leben, wo wir uns zutiefst geborgen wissen, wo die Zeit still zu stehen scheint in beglückenden Begegnungen, wo wir in unserer Kreativität etwas von Ganzheit spüren, wo wir in unserer erotischen Lebenskraft Leib und Seele Gutes tun, wo wir in der Schöpfung aufgehen: Momente des Geschenks, der Gnade, der Selbstannahme und der solidarischen Verbundenheit. Teresa spricht von Gott als dem Gärtner, der unsere Seele reich beschenkt, was wir mit noch so viel Mühe und Anstrengungen nie leisten können:

In einem noch so kurzen Augenblick gibt er, der Gärnter, der ja schließlich der Schöpfer des Wassers ist, ihr im Überfluss davon zu kosten. Und das, was die arme Seele mit großer Mühe und Anstrengung des Verstandes vielleicht noch nicht einmal in zwanzig Jahren geschafft hat, das vollbringt dieser himmlische Gärtner in einem Augenblick. Er lässt die Früchte wachsen und reifen, so dass sich die Seele, wenn er das will, aus ihrem Garten ernähren kann.

Höchst erstaunlich sind die folgenden Sätze dieses Textes, wo klar und deutlich steht, dass wir nicht »hilflose HelferInnen« werden sollen, sondern uns zuerst Zeit zur eigenen Verwurzelung gönnen dürfen, um dann – wie Teresa später auch schreibt – weitergeben zu können, was uns geschenkt worden ist:

Aber noch erlaubt er ihr nicht, die Früchte an andere zu verteilen, bis sie sich mit dieser Nahrung so gekräftigt hat, dass sie nicht durch Verschenken selbst wieder arm wird und keinen Nutzen davon hat oder von denen, an die sie ausgeteilt hat, wieder etwas erhält, dafür aber in Gefahr ist, vielleicht zu verhungern, nur weil sie andere am Leben erhalten und ihnen auf ihre Kosten zu essen geben will.[21]

Denn wer nicht mehr genießen kann, wird »ungenießbar«. Zu recht schreibt der Benediktiner Anselm Grün:

Man hat dann gleich ein schlechtes Gewissen, wenn man etwas genießt. In Ordensgemeinschaften kann eine solche Haltung der Armut zu Kulturlosigkeit und Lebensverneinung führen. Oft genug wird die Armut zur Missgunst, man gönnt den andern den Genuss nicht mehr. Verzichten setzt ein reifes und starkes Ich voraus. Wer sich noch nie etwas gegönnt hat, für den wird Armut oft zur Sanktionierung seiner Angst vor dem Leben, Angst vor der Lust, zur Bestätigung seiner Unfähigkeit, zu genießen und sich am Leben zu freuen.[22]

Wie der Gegensatz zwischen Genießen und der Liebe zu Gott überwunden werden kann, zeigt sich voll Charme in einem Umbrischen Volkslied von Bernardino Greco, das nachspürt, wie Franz von Assisi gelernt hat, seine Liebe zu den Menschen und zu aller Kreatur in Gott zu vertiefen:

*Weinend sagte Franziskus eines Tages
zum Herrn:
Ich liebe die Sonne und die Sterne
Ich liebe Klara und ihre Schwestern
Ich liebe das Herz der Menschen
und alle schönen Dinge
Herr
Du musst mir verzeihen
Denn nur dich sollte ich lieben*

*Lächelnd
antwortet der Herr:
Ich liebe die Sonne und die Sterne
Ich liebe Klara und ihre Schwestern
Ich liebe das Herz der Menschen
und alle schönen Dinge
Mein Franziskus
Du musst nicht weinen
Denn das alles liebe auch ich.*[23]

Spirituelle Alltagsübungen

■ *Gott genießen*

»Gott genießen« schreibt Teresa von Avila. Sie erinnert uns an die göttliche Tugend des Ausruhens, des wohlwollenden Vertiefens des Lebens im Staunen, Loben und Preisen.

– Ich schreibe das Volkslied von Bernandino Greco auf ein schönes Blatt Papier und hänge es an einem Ort auf, wo ich es gut sehe. Jeden Tag genieße ich bewusst etwas, was mir gut tut.
– Ich verweile bei einer Pflanze, ich freue mich am Spielen mit Tieren, ich staune über das Spiel der Wolken, ich nehme das Grün einer kraftvollen Landschaft in mich auf, um in all dem Gottes Spuren zu entdecken.
– Ich pflücke, kaufe mir Blumen, die mir gut tun.
– Ich übe mich ein, langsam zu essen, um all das Gute genießen zu können, und verwöhne mich und andere mit einem selbst gemachten Dessert.
– Ich bewege mich zur Musik und spüre die Verbindung zum göttlichen Lebensstrom in der ganzen Schöpfung.
– Ich nehme mir Zeit, um meine Kleider selber zu stricken, zu nähen und/oder zu verzieren, um auch durch die Farben meine Lebensfreude auszudrücken.
– Ich frage bei andern nach, was ihnen hilft das Leben mehr genießen zu können.

■ *Hobbies bewusst pflegen*

Mein inneres Feuer kann ich auch in der Freizeitgestaltung entdecken und nähren. Allein oder mit anderen kann ich durch mein Hobby erfahren, wie Leben viel mehr ist als nur Arbeit, und wie die Sehnsucht meiner Seele Ausdrucksmöglichkeiten im Spielen, Basteln, Bewegen, Musizieren, Malen braucht.

– Ich genieße es in einem Verein einmal pro Woche dabei zu sein, um kulturelles und sportliches Zusammensein zum Wohle der Gemeinschaft zu fördern.

■ *Tischkultur fördern*

Essen ist ein Genuss, die Gaben der Schöpfung verweisen mich auf die Großzügigkeit Gottes, seinen großen Segen. Ich rede mit den Menschen, mit denen ich am meisten zusammen esse, wie wir unsere Tischkultur intensivieren können:

– Blumen und eine brennende Kerze auf den Tisch stellen.
– Vor dem Essen einen Moment der Stille einhalten oder ein Lied singen oder einen Text, ein Gebet sprechen.
– Das Essen führt Menschen verschiedener Kulturen zusammen. Im Wohnviertel bemühe ich mich, mit Menschen aus fremden Kulturen regelmäßig gemeinsam zu kochen.

■ *Achtsamen Umgang mit meinem Körper pflegen*

Ich habe keinen Körper, ich *bin* Körper. In verschiedenen Sportarten freue ich mich an der Beweglichkeit meines Körpers, am Schnee, an der Erde, der Luft, am Wasser, an den Bergen. Dieses Genießen-Kön-nen führt mich dazu, meine Sexualität, mein Mannsein, mein Frau-sein zu bejahen. Ich pflege meinen Körper und achte auf seine Signale. Ich höre nicht nur auf meinen Kopf, sondern spüre allen Organen nach:

– Ich lege mich für 15-30 Minuten auf den Boden und achte darauf, was ich brauche an Unterlagen, Wolldecken, um mich gut nieder-lassen zu können. Ich nehme meinen Atem wahr und versuche mich noch mehr auf den Boden einzulassen. Dabei erinnere ich mich an die Urverheißung, dass Gott mich trägt und ich nie tiefer fallen kann als in Gottes Arme. Mit jedem Ausatmen lasse ich mich noch mehr nieder und richte dann meine Konzentration auf einen Körperteil, indem ich ihn bewusst spüre. Ich versuche da hineinzuatmen. Ich beginne bei meinen Zehen, meinen Füßen, meinen Knöcheln, meinen Unterschenkeln, meinen Knien, meinen Oberschenkeln, meinem Beckenraum, meinem Geschlechtsteil, meinem Bauchraum, meinem Rücken- und Brustraum. Wirbel um Wirbel liege ich gut und genieße mein Leibsein. Ich nehme meine Ober- und Unterarme, meine Hände bis zu den Fingerspitzen, meine Schultern, meinen Nacken, meinen Hals, meinen Hinter-kopf, meine Kopfhaut bis zu meinem Gesicht wahr und entspanne mich, um danach auch im Alltag, körperzentrierter leben zu kön-nen.

– Mein bewusstes In-Beziehung-Sein mit meinem Körper verweist mich auf einen achtsameren Umgang, auch wenn Schmerzen sich melden. Ich nehme nicht sofort Medikamente, sondern versuche in Beziehung, in Dialog zu treten mit dem Organ, das mir wehtut. Wenn immer möglich versuche ich mir Zeit zu nehmen, um na-türliche, heilende Möglichkeiten in mir wirken zu lassen.

■ *Intime körperliche Nähe genießen*

– Im lust-und verantwortungsvollen Gestalten meiner Sexualität spüre ich der spirituellen Dimension nach. Denn Gottes zärtlich-schöpferische Kraft zeigt sich mir auch in meinem Eros. Darum nehme ich wahr, was mir im intimen Zusammensein mit einem Menschen gut tut. Auch für dieses Zusammensein gestalte ich den Raum kreativ. Wir nehmen uns Zeit, um die Zärtlichkeit genießen zu können. Im Streicheln, Küssen, Massieren und in allen Formen der intimen Zuwendung und Hingabe genieße ich die schöpferischen Gaben Gottes.

– Auch das Genießen ist uns nicht einfach so geschenkt. Darum nehme ich mir mit meiner Partnerin, meinem Partner immer wieder Zeit, um ihr, ihm mitzuteilen, was mir in der Gestaltung der Sexualität gut tut, was mir hilft, um im erotischen Spiel liebes-und beziehungsfähiger zu werden.

– Ich leiste dem gesellschaftlichen Leistungsdruck einer übersexualisierten Welt Widerstand, indem ich aus meiner Mitte heraus und im gemeinsamen Suchen, die Formen immer neu finde, die unseren Urwünschen nach Anerkennung, Ansehen, Verwandlung und Verwurzelung gerecht werden.

Weg-Gebet

Dich genießen Gott
in der künstlerischen Kreativität
im lachenden unbeschwerten Zusammensein
in sportlicher Ausgelassenheit
im Bejahen meiner sexuellen Lebenskraft
im Staunen über die unerschöpfliche Phantasie
die uns bewohnt

Dich genießen Gott
im Dasein-Können
in der zärtlichen Zuwendung
im lustvollen Essen
im Bewundern der Tiere
im Erholen in der Gartenarbeit

Dich genießen Gott
als frohschaffende Kraft
die uns mit der ganzen Schöpfung verbindet

Gedicht

SUCHEN

Vom Loblied zur Wurzel des Meeres
zieht sich eine neue Art Leere:
Ich mag nicht mehr, sagt die Welle,
sie sollen das Reden sein lassen,
nicht mehr wachsen
soll der Zementbart
in den Städten:
Wir sind allein,
möchten endlich schreien,
wollen pissen ans Meer,
sieben Vögel sehen gleicher Farbe,
grüne Möwen, dreitausend,
Liebe suchen am Strand,
unsere Schuhe beschmutzen,
unsere Bücher, unsern Hut, unser Denken,
bis wir dich finden, umsonst,
bis wir dich küssen, umsonst,
bis wir von dir singen, umsonst,
ganz und gar umsonst, und nichts tun,
nichts, nie beenden
das Wahre.

Pablo Neruda[24]

6. Solidarität einüben

Weil wir dauernd meinen, wir müssten etwas tun, tun wir nichts!«, sagte ich einmal spontan während einer Diskussion zum Thema »Solidarität«. Seither geht mir dieser Satz nach und ich entdecke darin eine Spur zu unserer Ohnmacht und Vereinzelung. Denn angesichts vieler Probleme, die nicht so schnell lösbar sind, vergessen wir das Naheliegende: das Gehaltensein, das wir von der ersten Sekunde unserer Existenz an dringend brauchen, von Menschen, die da sind, dableiben, mitfühlen. Weil wir meinen, wir müssten fertige Antworten haben und sichere Lösungen präsentieren, entfernen wir uns von vielen Leidenden. Die Werte der Sym-pathie, des Mit-leidens und der Em-pathie, des Mitfühlens, sind dringend notwendig in einer Welt, wo wir noch nie so viele Kommunikationsmöglichkeiten hatten und die Vereinsamung doch immer mehr zunimmt.

Tief in vielen von uns sitzt das Gefühl, allein gelassen zu werden mit »nur meinem Problem«. Doch woran ich ganz persönlich zutiefst leide, ist nie nur mein Problem, weil ich Teil eines Ganzen bin. In der Solidarität können wir die Ohnmacht durchbrechen, wenn wir neu lernen sie auszuhalten. Das Schlimmste, was wir tun können und was uns widerfahren kann, ist Davonlaufen, indem wir aus Allmachtsphantasien heraus Patentrezepte verteilen wollen.

Jahrelang habe ich wöchentlich einen jungen Mann besucht, der mitten in seinem Studium am Konservatorium von Muskelschwund überfallen wurde und innerhalb weniger Jahre nicht mehr gehen und reden konnte, erblindete und nur daliegen konnte. Intensivstes Leben geschah in diesen Begegnungen, wo ich nichts machen konnte, als seine Hand zu halten.

Begegnungen, wo ich immer auch mit meinem Sterben konfrontiert wurde, mit der bedrückenden Frage, ob ich es aushalten würde nur dazuliegen. Das Schwierigste für diesen jungen Menschen war das Abnehmen der Besuche. Seine KollegInnen besuchten ihn nicht mehr, weil es ihnen unerträglich wurde und sie meinten, sie müssten etwas für ihn tun können. Durch das Wegbleiben erschwerten sie nicht nur dem Kranken das Aushalten, sondern sie verbauten sich selber einen Zugang zum tiefsten Geheimnis des Lebens und des Glaubens: in größter Ohnmacht und Dunkelheit das Schreien Gottes zu hören, das den Anbruch eines neuen Morgens ankündigt.

Das Wesentliche, ganz Einfache droht uns abhanden zu kommen: zuhören können, die Hand einer Sterbenden halten, einem Weinenden ein Taschentuch ausleihen, Heimatlose zum Essen einladen. »Auf der Seite der Verlierer sein im Weltprozess«, so umschreibt Walter Benjamin unsere Lebensaufgabe. Da wird die Macht der Ohnmächtigen erfahrbar, weil Gott – so Dietrich Bonhoeffer – »schwach und ohnmächtig in der Welt ist, und gerade so ist er bei uns und hilft uns.« Dies inspiriert uns zu neuer Leidensfähigkeit aus Liebe und Leidenschaft zum Leben. Auch diese Grundhaltung fängt bei uns selber an, indem wir unser Leiden an uns selber, an andern, an dieser Welt, an Gott wahr-nehmen. Denn unsere Apathie, unser Mangel an Anteilnahme, an Solidarität haben ihre Wurzel in der

Leugnung und Verdrängung des eigenen Leides und der eisigen Toleranz dem anderen gegenüber. Wir schenken dem Tod und den Fragen, die er aufwirft, keine Aufmerksamkeit mehr, wir vermeiden die Liebe, die, wie Kolakowski sagt, »eine Quelle des Leidens zu sein pflegt« und genau diese Distanzierung, die leidvermeidenden Strategien in unseren intimen Beziehungen hängt mit der überwältigenden Toleranz, mit der wir der Ausrottung anderer Völker zusehen, zusammen. Wer auch nur ein einziges Mal versucht hat, Flugblätter zu verteilen in der Haupteinkaufszeit, wird wissen, wovon ich rede.[25]

Jene Solidarität braucht unsere Hände und Füße, damit sie uns ins Zentrum des christlichen Glaubens führt, zu Tod und Auferstehung. Dadurch wird der Rand zur Mitte. Denn angesichts des Todes erlebe ich intensivstes Leben. Geborenwerden und Sterben sind so nahe beieinander, auch mitten in unserem Alltag. Im Aushalten unserer eigenen Not, im Mitsein mit Menschen, die nach Heimat, Brot, Sinn schreien, erhält die Hoffnung ihr Gesicht zurück. Dazu müssen wir nicht weit gehen. Kranke und Einsame leben in unserem Wohnviertel; in der Wohnung nebenan wird ein Kind missbraucht; beim Einkaufen begegnet mir der Arbeitslose, der um seine Würde kämpft; im Nachbardorf werden Gott sei Dank Flüchtlinge versteckt, weil es Frauen und Männer gibt, die sie nicht allein lassen.

In dieser Gratwanderung unseres Lebens geschieht das Wesentliche. Da begegnen wir Gott, wie er sich in der Menschwerdung ereignet hat, besonders intensiv. Denn auf die Frage, ob denn das Besuchen von Kranken, Einsamen, Gefangenen, Hungernden etwas mit Gott zu tun habe, antwortet jener sympathische Wegbegleiter aus Nazareth treffend: »Was ihr dem Geringsten meiner Schwestern und Brüdern getan habt, das habt ihr mir getan« (Matthäus 25,45). Die Vereinigung mit Gott geschieht im behutsam-beharrlichen Fördern von Menschwerdung.

Biblische Vertiefung

Die Berufung des Mose ist seit über zehn Jahren mein Hoffnungsfaden auf dem Weg zu mehr Solidarität. Gott offenbart sich dem Mose im brennenden Dornbusch, im Stachel unserer Existenz, in den brennenden Fragen unserer Zeit, im Alltäglichen, Unscheinbaren, da geschieht Wunderbares (Exodus 3,4-7). Dies wird im Folgenden konkretisiert, indem zuerst von einem Gott die Rede ist, der die Not der kleinen Leute sieht, ihre Klage hört, mehr noch: ihr Leid erkennt. Sein Erkennen ist eine ganzheitliche Haltung des Intimwerdens mit der Not der Leidenden (7). Dies führt unweigerlich zu einer Standortveränderung. Von einem heruntergekommenen Gott ist nun die Rede, der hinuntersteigt, weil er nirgends anders sein will, als in den Herzen der Menschen, vor allem in den gebrochenen Herzen. Denn Begleitung ist nur möglich, wenn ich mich auf dieselbe Ebene begebe, um aufzuzeigen, dass nichts unmöglich ist. Solidarität lebt von der Spannung des Mitleidens und vom Entwickeln von Visionen (8): Visionen, die uns nicht zum Abheben einladen, sondern uns noch mehr verwurzeln wollen in der Liebe zum Leben, in Gott selber (9).

Echte Solidarität steht jedem Menschen zu – sei er noch so sehr bedroht oder geschändet – damit er selber wieder aufrecht gehen kann. Gott traut dem Mose, seinem Volk zu, ihr Leben in die Hand zu nehmen und neu aufzubrechen. Es ist nicht Gott, der nun alles macht, sondern er braucht uns als Mit-SchöpferInnen. Solidarität lebt von Partizipation (10). An dieser Option gilt es festzuhalten, auch wenn Bedenken und Zweifel uns einholen (11). Sie werden mit der uralten Verheißung vertieft, dass die Lösung in dir liegt oder biblisch gesprochen: Gott ist mit dir, mit uns. Erst wenn wir diese heilende Befreiungserfahrung erlebt haben, werden wir auch Gründe finden, um Gott zu feiern (12). Jenen Gott, der sich bis heute in unserer Solidarität ereignet, als »Ich-bin-der-ich-da-sein-werde«.

Diese solidarische Leidens- und Hoffnungsfähigkeit vertieft auch der Apostel Paulus, wenn er schreibt: »Meine Gnade genügt dir, denn sie erweist ihre Kraft in der Schwachheit ... denn wenn ich schwach bin, dann bin ich stark« (2. Korinther 12,9/10). Hineinwachsen in diese Soldidarität mit der eigenen Schwachheit, die uns vielleicht durch eine Krankheit erfahrbar wird und in der Not aller Menschen, der bedrohten Schöpfung, führt uns in die Mitte des christlichen Glaubens: mit Christus sterben und auferstehen (Römer 6). Wenn wir den Tod in unser Leben zurückholen, geschieht dieser innere Reifungsprozess, der uns leidensfähig werden lässt und uns zum Aufstand für das Leben ermutigt.

Mystische Vertiefungen

Die Mystikerin Edith Stein, die 1942 in Auschwitz ermordet wurde, drückt mit wenigen Worten die Verbindung zwischen Leidensfähigkeit und Vereinigung mit Gott aus:

Unser Ziel ist die Vereinigung mit Gott, unser Weg der gekreuzigte Christus, das Einswerden mit Ihm im Gekreuzigtwerden. Das einzig entsprechende Mittel dazu ist der Glaube.

Der Glaube, der sich für die Philosophin, die sich voller Leidenschaft für klares und genaues Denken eingesetzt hat, ganz konkret in den Grenzerfahrungen unseres Lebens bewahrheitet:

Das müssen wir auch lernen, liebe Schwestern, andere ihr Kreuz tragen zu sehen, und es ihnen nicht abnehmen zu können. Es ist schwerer als das eigene zu tragen, aber wir kommen auch daran nicht vorbei.[26]

Dies ereignet sich im Mitsein, denn »das Leben wählen, heißt das Kreuz zu umarmen« (Dorothee Sölle)[27]. Darum führt uns eine christliche Mystik nicht in die Abgehobenheit und Weltabgeschiedenheit, sondern in die Mitte unserer eigenen Existenz. Eine Mitte, die uns mit allen Menschen und mit der ganzen Schöpfung verbindet, d.h. mit Gott als Urgrund allen Seins verbindet. Aus dieser Verbundenheit wächst das Mit-leiden, das zum Aufstand für das Leben bewegt, im Hier und Jetzt.

Madeleine Delbrêl, eine Prophetin unseres Jahrhunderts, die als Sozialarbeiterin in Ivry, der kommunistischen Bannmeile von Paris lebte, sieht im solidarischen Mitsein die »wahre Natur des Glaubens«. Darum schreibt sie:

Lernen wir, dass es nur eine einzige Liebe gibt: Wer Gott umarmt, findet in seinen Armen die Welt; wer in seinem Herzen das Gewicht Gottes aufnimmt, empfängt auch das Gewicht der Welt.

Spirituelle Alltagsübungen

■ *Gott ist Erinnerung*

Um echte Solidarität mit anderen leben zu können, ist es notwendig sich mit dem eigenen Leiden auseinander zu setzen. Im Eingedenken eigenen und fremden Leides, vergegenwärtigt sich Gottes Sym-pathie (= Mit-leiden) in unserer Welt:

- Ich kaufe mir ein besonderes Buch mit leeren Seiten, worin ich »Meine Leidensgeschichte« aufschreiben und/oder zeichnen, malen kann. Darin schreibe ich auch das Leiden all der Menschen auf, mit denen ich in Berührung komme. So kann sich meine Verbundenheit mit dem gekreuzigten und auferstandenen Christus konkretisieren.
- Ich meditiere eine gewisse Zeit lang den Text aus dem Buche Exodus 3,7-14, vor allem die Verse 7 und 9, und nehme wahr, was mich in der letzten Zeit verletzt, bedrückt, wütend oder traurig gemacht hat. Ich spüre auch meiner Schuld nach, wo ich anderen Leiden zugefügt habe. Ich teile meiner Freundin, meinem Freund, meiner Partnerin, meinem Partner mit, was mich bewegt, indem ich auch meine Gefühle ausdrücke.
- Verdrängtes Leiden aus meiner Kindheit oder das nicht verarbeitete Auseinandergehen oder Sterben eines Mitmenschen versuche ich bewusst anzuschauen, indem ich eine Begleiterin, einen The-

rapeuten suche, der/die mich erfahren lässt, dass die Erinnerung an meinen Schmerz zu echter Heilung und zu glaubwürdiger Solidarität mit Leidenden führt.

■ *Ohnmacht aushalten*

Ich vergegenwärtige mir auf meinem spirituellen Weg, dass im DA-SEIN eine große solidarische Kraft sich ereignet. Ohne viele Worte, im Halten einer Hand kann ich bei Sterbenden, bei psychisch Kranken, bei Menschen in auswegloser Situation verweilen, indem ich nur das sage, was ich im Moment echt fühle. Zum Beispiel »Ich bin auch traurig. – Ich weiß auch nicht, was ich sagen soll, aber ich bleibe hier. – Ich trage diese schwere Situation mit in meinem Beten. – Ich spüre auch die Ohnmacht, doch wenn wir sie miteinander teilen, dann wird sie leichter.«
So besuche ich einmal pro Woche einen kranken oder einsamen Menschen.

■ *Mystik und Politik*

Die Verwurzelung in den menschgewordenen Gott führt mich auf die Straße, mitten in die Not der Menschen:

– Ich engagiere mich bei Amnesty International, um die Solidarität mit Verschwundenen aufrechtzuerhalten. Ich suche Verbündete oder mache mit in einer Selbsthilfegruppe.
– Ich übernehme eine Patenschaft für benachteiligte Kinder und Jugendliche, weil ich da je nach Land mit wenig Geld Ausbildungs-möglichkeiten mitfinanzieren kann.

- In Begegnung mit behinderten Menschen spüre ich meine eigenen Behinderungen und sehe darin das Verbindende für ein solidarisches Miteinander. Ich drücke meine Unsicherheit aus und frage nach, wo ich helfen kann, und erspüre, wo es gut ist, wenn ich mich zurückhalte.
- In unserer Tischgemeinschaft überlegen wir, wie wir durch ein Suppenmittag-/abendessen ein glaubwürdiges Projekt unterstützen können. Wer sucht, der findet. Wenn ich mich bemühe, so kann ich in Beziehung treten mit Menschen, die konkret Menschen kennen, die sich engagieren in einem armen Land.

■ *Mich mit Ungerechtigkeiten nie abfinden*

Ab und zu nehme ich mir nach dem Zeitungslesen und nach der Tagesschau Zeit, dem wahrgenommenen Leid mehr Gewicht und Raum zu geben:

- Ich nehme meine Gefühle wahr, teile sie meinem MitbewohnerInnen mit, male, musiziere und ich stelle eine brennende Kerze vor mein Fenster, um meiner solidarischen Hoffnung Ausdruck zu verleihen.
Dazu bete ich den aktualisierten Psalm 53 aus dem Psalmenbuch von Pierre Stutz.
- Ich schweige mit andern einmal täglich, um dem Frieden eine Chance zu geben. Ich suche Verbündete, wie wir mitten in der Stadt, im Dorf einmal pro Woche eine halbe Stunde schweigen können, um auf die Ungerechtigkeiten aufmerksam zu machen und um Hoffnungsschritte begehen zu können.

Weg-Gebete

Solidarische Menschen möchten wir werden
Menschen mit größter Sorgfalt sich selber gegenüber
Menschen mit größter Einfühlsamkeit den andern gegenüber
Menschen mit größter Verbundenheit mit der ganzen Mitwelt

Gerechtigkeit
Frieden
Bewahrung der Schöpfung
sind jene große Lebensaufgaben
die uns mit allen Menschen guten Willens verbinden

Dich Gott
suchen wir in diesem Solidaritätsprozess
in all dem Verbindenden in allen Religionen

Phantasievolles Teilen
Konfliktfähige Versöhnungsbereitschaft
Mitfühlende Achtsamkeit
leben in unserer Sehnsucht nach solidarischer Selbstwerdung

In dir Gott
sind wir gut aufgehoben
mit unseren Fragen
unserem Ringen
unserem Mit-leiden
unserem Hoffnungstanz

◆

Himmelwärts schauen
dich erahnen als verbindende Ausrichtung

Erdverbunden dastehen
dich erfahren mit Tieren und Pflanzen
als unseren tragenden Grund

Schöpfungszentriert reifen
im Zusammenspiel mit aller Kreatur

Gerechtigkeitshungernd
uns nie abfinden mit Strukturen
wo der Mensch Opfer des Menschen wird

Friedensstiftend uns entfalten
im Einüben von konfliktfähiger Versöhnungsbereitschaft

Mit allen Sinnen und Kräften
Verantwortung übernehmen
mitschöpferisch sein
leidens- und liebensfähig werden
mitfühlend
mitlachend
mitweinend
mithoffend

Gedicht

KAIN! um dich wälzen wir uns im Marterbett:
Warum?
Warum hast du am Ende der Liebe
deinem Bruder die Rose aufgerissen?

Warum den unschuldigen Kindlein
verfrühte Flügel angeheftet?
Schnee der Flügel
darauf deine dunklen Fingerabdrücke
mitgenommen
in die Wirklichkeit der Himmel schweben?

Was ist das für eine schwarze Kunst
Heilige zu machen?
Wo sprach die Stimme
die dich dazu berief?

Welche pochende Ader
hat dich ersehnt?

Dich
der das Grün der Erde
zum Abladeplatz trägt

Dich
der das Amen der Welt
mit einem Handmuskel spricht -

Kain - Bruder - ohne Bruder -

Nelly Sachs[28]

7. Gelassenheit wagen

Du musst nur ein wenig gelassener werden!«, ist einer jener Ratschläge, die oft wenig weiterhelfen. Rat-SCHLÄGE können mich im wahrsten Sinne des Wortes erschlagen, weil sie mich und meine Situation nicht wirklich ernst nehmen. Gut gemeinte Tips und Lösungsvorschläge können kontraproduktiv sein.

Im Wort »gelassen« steckt das Wort lassen. Dies führte mich zur Entdeckung, dass ich ja nur etwas lassen kann, was ich wahr-genommen habe. Auch selbst-los kann ich nur werden, wenn ich Zugänge zu meinem Selbst gefunden habe. Wenn ich also überhaupt in mir, meiner Tiefe spüre, was mich ärgert, bereichert, verletzt, begeistert, enttäuscht, kann ich mich einüben, diese Gefühle auch wieder loszulassen. »Spiritualität von unten«[29], wie sie Anselm Grün entfaltet hat, lädt ein, zu all unseren Gefühlen zu stehen; auch zu den unangenehmen – wie Neid, Eifersucht, Rivalität, Ehrgeiz. Denn da, wo ich Gott nichts mehr anderes vorweisen kann als Neid, Eifersucht, Rivalität, Ehrgeiz, Ungeduld, Kleinlichkeit und Hartherzigkeit, da komme ich meiner tiefen Sehnsucht auf die Spur: vor aller Leistung und allem Versagen doch anerkannt und angenommen zu sein.

Dies hat viel mit dem belasteten Wort »Demut« zu tun, das oft mit dem Wert der Gelassenheit in Verbindung gebracht wird. Auch hier hat mir die Wurzelbedeutung dieses Wortes weitergeholfen. Im Lateinischen heißt Demut »humilitas«, was so viel wie Erdverbundenheit bedeutet. Demütige Menschen sind Menschen, die aus der Verbundenheit mit Mutter Erde, der Schöpfung, leben. Diese lebensbejahende Grundhaltung ist uns im Gang der Industrialisierung abhanden gekommen. Wir Menschen sind dem Wahnsinn verfallen, uns außerhalb der Rhythmen der Schöpfung, der Jahreszeiten etc. zu bewegen. Brachzeit, wo etwas reifen und wachsen kann, gönnen wir uns nicht mehr. Wir müssen immer leistungsfähig sein und sind so in Gefahr, Idealbilder von uns selber aufrechtzuerhalten, die nicht uns und unseren Fähigkeiten und Grenzen entsprechen. Darum lohnt es sich, ein *gelassener* Mensch zu werden. So können wir lernen, mit all unseren Gefühlsregungen umzugehen, im Vertiefen unserer Beziehung zur Schöpfung. Der Rhythmus der Jahreszeiten lädt uns ein, dass auch wir uns Zeit zum Reifen und Wachsen gönnen.

Biblische Vertiefungen

Gelassenheit ist ein großes Ziel, wie uns viele biblische Hoffnungsgeschichten zeigen. Im Spannungsfeld von Scheitern und Gelingen geschieht dieser Prozess, der zum Ziel führen möchte, sich selber zu lassen und sich Gott zu überlassen.

Im Gleichnis von der selbstwachsenden Saat (Markus 4,26-29) kommt uns eine Grundhaltung entgegen, die wohl zum Mitgestalten, Säen, Gießen, Beschneiden aufruft, jedoch uns an das tiefe Geheimnis unseres Lebens erinnert: Das Wachstum liegt nicht in unseren Händen.

Dieses Vertrauen drückt sich auch in den vielen Gleichnissen aus, in denen Jesus das Anbrechen und die Entfaltung von Gottes neuer Welt mit Bildern aus der Schöpfung aufzeigt. Dabei richtet er unser Augenmerk besonders auf die Hoffnung, dass im Unscheinbaren, Alltäglichen, Kleinen, das Große und Wunderbare liegt.

Menschen, die aus dieser geerdeten Gelassenheit leben, müssen sich nicht mehr krampfhaft und verbissen einsetzen, sondern sie können sich mit ihren schöpferischen Fähigkeiten einbringen und zugleich auch loslassen, weil das Wesentliche nicht machbar ist. Zu dieser Gratwanderung von Gelassenheit und Engagement bestärkt mich seit langem das 58. Kapitel des Propheten Jesaja. Da wird schonungslos eine selbstgerechte Frömmigkeit entlarvt. Am Beispiel des Fastens, das losgelöst von Gerechtigkeit ist, kritisiert der Prophet eine spirituelle Praxis, die um sich selber kreist. So ruft er auf, den Hungrigen das Brot auszuteilen, die Obdachlosen aufzunehmen, die Nackten zu bekleiden – in einer Grundhaltung der Gelassenheit, die zum Licht in uns selber führt. Dieses echte Engagement heilt eigene Wunden, erhellt eigene Finsternis, macht müde Glieder stark. Weil jedem Menschen die Verheißung gilt: »Du gleichst einem bewässerten Garten, einer Quelle deren Wasser niemals versiegt« (58,11).

Mystische Vertiefungen

»Bemühe dich, dich nicht zu bemühen!«, empfehle ich mir und Menschen, die zu hohe Ansprüche an sich selber haben und dabei am Wesentlichen vorbeileben: das mystische Paradox, wie es sich bei Meister Eckehart vielfältig finden lässt. Weil Loslassen das größte Ziel ist, lasse dieses Ziel los! Da wo ich krampfhaft loslassen will, wird es eben überhaupt nicht möglich. All jene, die körperzentrierter zu leben versuchen, können diese Erfahrung teilen. Im Kopf ist uns oft vieles klar, doch damit ist es noch längst nicht in unserem Herzen, in unserem ganzen Sein verankert. Der tiefste Grund zur Gelassenheit liegt für Meister Eckehart im Aufruf, Gott zu lassen, damit uns Gott bleibe, damit wir uns kein festes Bild vom ihm machen, damit er uns neu berühren, bewegen und erfüllen kann:

Das Höchste und das Äußerste, was der Mensch lassen kann,
das ist, dass er Gott um Gottes willen lasse.
Nun ließ Sankt Paulus Gott um Gottes willen;
er ließ alles, was er von Gott nehmen konnte,
und ließ alles, was Gott ihm geben konnte,
und alles, was er von Gott empfangen konnte.
Als er dies ließ, da ließ er Gott um Gottes willen,
da blieb ihm Gott, so wie Gott in sich selbst seiend ist,
nicht in der Weise seines Empfangen- oder Gewonnenwerdens,
sondern in der Seinsheit, die Gott in sich selbst ist.[30]

Diese tiefe Grundwahrheit unseres Lebens eröffnet uns die Spur, um auch unsere Kinder loslassen zu können, um eigentlich jeden Menschen zu ermutigen, sich selbst werden zu lassen. Eine Gelassenheit, die zu einer Haltung der Demut führt, macht uns Menschen nicht klein, minderwertig, sondern lässt groß von uns denken. Voll Erstaunen las ich in einem geistlichen Bestseller des 16. Jahrhunderts, wie schon der Franziskaner Francisco de Osuna zu dieser echten Demut aufruft:

»Manche verstehen unter Demut eine Enge des Herzens und die platte und kleinmütige Veranlagung eines Menschen, den nur Unwesentliches interessiert. Andere denken, Demut sei kränkliches Aussehen und Niedrigkeit, die sich in Haltung, Kleidung und Benehmen manifestiert. Manche verwechseln die Demut mit Feigheit und Furcht, von denen einige beherrscht sind, so dass sie sich nicht an große Dinge wagen. Schließlich meinen einige, es sei demütig, über keine Fähigkeiten zu verfügen oder die vorhandenen nicht zu nutzen, sondern zu verbergen. Alle diese Auffassungen sind falsch und haben nichts mit Demut zu tun.

Damit du nun eine Ahnung von der Majestät dieser Eigenschaft bekommst, musst du wissen, dass Demut und Hochherzigkeit zwei einander sehr liebende Schwestern und Gefährtinnen sind, so dass sich die eine nicht ohne die andere findet.[31]

Gelassenheit wächst für mich auch aus dem Vertrauen, dass sich überall auf der Welt Menschen engagieren, Menschen auf ihre innere Stimme hören. Diese Zuversicht finde ich auch bei Dorothee Sölle und ihrem Gesprächspartner Dom Helder Camara:

Es gibt tausend Gründe zu leben. Das Reich Gottes zu suchen, dafür gibt es tausend Gründe, um sein Leben hinzugeben an eine große Sache, aus dieser Zerstreuung und Sinnlosigkeit wegzukommen, um zu wissen, wofür man da ist. Und ich finde, dass in den Bewegungen für den Frieden genau das erreicht ist, der Punkt, dass die Menschen etwas mit ganzem Herzen tun und wollen. Dass sie bereit sind, ihre Freizeit, ihre Karriere zu riskieren, dass sie also etwas von ihrem eigenen Leben in die Hingabe hineinbringen – ich finde da einen religiösen Kern, bei ganz vielen Menschen, auch solchen, die selber der Kirche vielleicht entfremdet sind, die also Nachchristen sind, die aber mit anderen zusammen auf dem gleichen Weg sind und immer mehr in diese Ganzheit hineinwachsen.[32]

In dieser Grundhaltung möchte ich ein »demütiger« Mensch werden: ein Mensch, der vertraut, dass viele Menschen sich mit ganzem Herzen einbringen. Diese Achtung vor der Stimme des Herzens, diese Hochherzigkeit und Gelassenheit brauchen wir, um uns zu engagieren.

Spirituelle Alltagsübungen

■ *Die Kraft der Brachzeit entdecken*

Während des Winters hält die Natur all ihre Kräfte bewusst zurück, damit sie im Frühling mit voller Kraft fließen und gedeihen können. In der Brachzeit, im aktiven Warten liegt eine große Kraft, die wir in unserem Leben neu entdecken sollen. Als Menschen sind wir Teil der Schöpfung; es ist eine Vermessenheit zu meinen, wir müssten immer und alles produzieren.

– Ich verinnerliche ganz bewusst die Dynamik der Jahreszeiten, indem ich besonders im Winter die Brachzeit als tiefe Kraft wahrnehme. Ich lerne von der Schöpfung, wie sie brachliegen kann, im Vertrauen, dass daraus neue Früchte entstehen werden.
– Ich wähle mir einen Baum, einige Pflanzen aus, die ich während eines Jahres immer wieder meditiere, um dabei die Spur zu meinem inneren Weg aus der Tiefe entdecken zu können.
– In Gartenarbeit kann ich meinen spirituellen Weg vertiefen, wenn ich mir dabei meine Verbindung mit dem Rhythmus der Schöpfung und dem Schöpfer vergegenwärtige.

■ *Im Hier und Jetzt verweilen*

Ich gönne mir kleine Brachzeiten im Alltag, in dem ich die Worte Jesu verinnerliche: »Jeder Tag hat genug Sorgen für sich.« Ich bemühe mich im Hier und Jetzt, meinen Tag zu gestalten. Eine Hilfe kann sein, dass ich etwas ganz Alltägliches, sogar Ärgerliches sich in eine Botschaft an mich verwandeln lasse. So kann das Klingen des Telefons wie ein Glockenschlag sein, der mich erinnert, dass das Wesentliche schon da ist und ich nicht mehr tun muss, als in meinen Möglichkeiten liegt.

■ *Jeden Abend versuche ich alles Erlebte ruhen zu lassen*

– Ich verneige mich tief und verweile danach mit offenen Händen, um Gott das Kraftvolle und das Ungelöste dieses Tages zu übergeben.
– Ich stehe mit ausgestreckten Armen himmelwärts und mit beiden Füßen gut auf dem Boden. Ich spüre, wie ich zwischen Erde und Himmel stehe und wie ich nun ruhen lassen kann, was ich heute erlebt habe.

■ *Im Brotbacken das Lassen und Werden verinnerlichen*

– Ich backe ab und zu selber ein Brot. Wenn ich den Teig zum Aufgehen stehen lasse, decke ich ihn liebevoll mit einem Tuch zu. Während dieser Zeit bleibe ich ohne weitere Beschäftigung neben dem Teig. Ich meditiere die Schöpfung, höre bewusst Musik oder verweile im stillen Dasein.
– Auch andere alltägliche Hausarbeiten wie Abwaschen, Putzen, Bügeln, Blumen Gießen ... unternehme ich in einer meditativen Haltung. Bewusstes Tun heißt nicht faulenzen und die Zeit vertrödeln, sondern eine Grundhaltung entdecken, die mir beim Läuten einer Glocke immer wieder bewusst wird: Wenn ich nämlich immer nur ziehe, läutet sie ganz ein-tönig. Erst wenn ich kraftvoll ziehe und danach loslasse, entsteht eine Melodie. Diese Erfahrung hilft mir, zuzupacken im Alltag und immer auch wieder loszulassen.

■ *Meiner Intuition trauen*

Bevor ich handle, nehme ich mir Zeit, um auf die Stimme meines Herzens zu hören. Denn oft kann in meiner Intuition das liegen, was ich wirklich tun möchte. Ich muss mir also nicht immer den Kopf zerbrechen, was es zu tun gilt. Sondern ich darf vertrauen, dass die Lösung vieler Fragen schon in mir ist. Gelassene Menschen lernen, das »heilige Feuer« in sich zu entdecken, um aus der Mitte heraus das Leben gestalten zu können.

– Als körperlicher Ausdruck lege ich vor kleinen Entscheidungen (und bei den großen mehrmals) meine beiden Hände/Arme gekreuzt auf meine Herznähe, um die göttliche Quelle in mir zu spüren.

■ *Meinen Schlaf als Vollzug von Gelassenheit erleben*

– Vor dem Einschlafen lege ich diesen Tag in Gottes Geborgenheit zurück. Da, wo ich mit anderen zusammen bete, bemühe ich mich, nach dem Nachtgebet nichts mehr zu tun. In der Nacht mit allen meinen ganz persönlichen Nächten darf ich mich dann Gott überlassen.

– Dies gilt auch für die Momente der Schlaflosigkeit, wenn ich mitten in der Nacht erwache und all meine Sorgen ganz stark vor mir sind. Anstatt mich zu ärgern, versuche ich, diese meine Grenzen anzunehmen und im entspannenden Atmen nochmals all diese Sorgen Gott zu überlassen.

– Wenn zu viele Dinge hochkommen, an die ich in den kommenden Tagen noch denken sollte, dann schreibe ich sie auf, damit ich sie besser lassen kann.

– Wenn ich gut geschlafen habe, sehe ich darin das Geschenk der Gelassenheit, das eben nicht machbar ist.

Weg-Gebete

Gott
du Quelle aller Gelassenheit
berühre mich vertrauensvoll
damit ich jeden Abend
all das loslassen kann
was mein Leben ausmacht

Das Gelungene dankbar loslassen
in dich hineinlegen
weil du der Ursprung alles Guten bist

Das Bruchstückhafte loslassen
dir anvertrauen
damit du es verwandeln
vollenden kannst

◆

Gelassener möchte ich werden
erdverbundener
um mir auch Brachzeit zu gönnen
wo ich mich erholen kann
innerlich neue Kräfte sammeln kann
um Neues in mir sprießen zu lassen

Gelassener möchte ich werden
aus tiefem Herzen lachen können
auch über mich selber
weil du mich zur Lebensfreude anstiftest

Gelassener möchte ich werden
mich mit meinen Schattenseiten annehmen
damit ich mich nicht zu sehr mit andern vergleiche
sondern meine Gaben zur Entfaltung bringe

Gelassener möchte ich werden
mich bemühen
mich nicht zu sehr zu bemühen
vertrauend auf meine Spontaneität
meine Lebenskraft
die du in mir angelegt hast

Gelassener möchte ich werden
jeden Tag aus der tiefen Geborgenheit
heraus gestalten
dass du machtvoll wirkst in all den Menschen
die loslassen können
um sich dadurch von dir bewegen zu lassen.

Gedichte

Nicht zu den Siegern

Zu den Siegern
mit den hochgerissenen Armen
und dem Triumphschrei
werde ich nicht gehören

Aber vielleicht zu denen,
die mitten im Meer
den Wimpel der Hoffnung hissen
beim Schiffbruch.

◆

Wunsch an das Leben

Zu sein, wer ich bin,
nicht mehr
aber auch nicht weniger

und ganz,

um da zu sein
für die,
die ich liebe.

Catarina Carsten[33]

8. Dankbarkeit ausdrücken

Wenn ich mit meinen Patenkindern unterwegs bin, mache ich meistens ganz wichtige Erfahrungen. So auch am Ende eines eindrücklichen Spazierganges, wo ich mit meinen Gedanken schon viel weiter war und mich beeilen wollte, um den Zug nicht zu verpassen. Eines der Kinder war nicht zur Eile zu bewegen, sie drehte sich fast andächtig um und sagte: »Auf Wiedersehen kleiner Bach, danke! Ciao Bäumchen, bis bald und danke! Tschüß, Schmetterling, danke!«

Kalt lief es mir den Rücken hinunter. Was habe ich nicht schon zum Thema »Dankbarkeit« gesagt und geschrieben. Doch diese tiefe Dankbarkeit der Schöpfung, dem Leben gegenüber, wie sie dieses Kind ausdrückte, berührte mich sehr – bis heute. Tiefste Spiritualität zeigt sich in dieser Heiligung des Lebens, die den Geschenkcharakter des Lebens wachhält. In der katholischen Tradition heißt die Feier des Lebens *Eucharistie* feiern: Dieses griechische Wort bedeutet Danksagen. Jeder Tag, jeder Atemzug ist ein Geschenk, jede solidarische Geste, jede Versöhnungsinitiative, jede Gerechtigkeitsgeste sind solch ein Geschenk.

Gesundheit ist das größte Geschenk, das uns tief dankbar lassen werden kann. Erst als kranke Menschen entdecken wir oft, wie selbstverständlich wir aufstehen, uns bewegen und dabei vergessen zu danken.

Danke sagen zu können, lässt uns zutiefst menschlich werden; so entdecken wir auch andere Werte für unseren Alltag wieder: lachen, staunen, Komplimente machen und annehmen, Echo geben, auf all das, was im Hintergrund für uns getan wird, was wir so oft unbekümmert hinnehmen.

Die Dankbarkeit erinnert mich an die Wichtigkeit, Komplimente annehmen zu können. Wenn jemand mir ein Echo gab, war ich oft verlegen und wusste nichts zu sagen. Längere Zeit achtete ich darauf, mich wirklich zu bedanken und zu sagen, was ich fühlte: »Es tut mir gut, das zu hören! – Ich bin dankbar, dass euch meine Worte angesprochen haben!«

Im Nachhinein erst merke ich, wie ich nun auch besser mit Kritik umgehen kann. Weil ich mir zu wenig eingestand, dass ich Anerkennung, Echos brauche, konnte mich eine Kritik sehr verunsichern. Erstaunlicherweise hat ja eine negative Reaktion eine viel größere Wirkung als viele positive. Seit ich übe, mit Worten auf Echos zu reagieren, kann ich ausgewogener mit negativer Kritik umgehen; ich versuche zu entdecken, was ich daraus lernen kann und wo ich sie abweisen sollte, weil ich ja nie allen Erwartungen gerecht werden kann und muss.

Biblische Vertiefung

Die Anfangsverse des Psalms 107 hole ich immer wieder in mein Bewusstsein. Denn da ist einerseits von der Not der Menschen die Rede (vom Umherirren, vom Bedrohtsein, von Heimatlosigkeit, von Hunger), die überwunden werden kann, wenn Menschen auf Gottes Geist vertrauen und ihn in ihr Leben hineinfließen lassen. Diese Befreiungserfahrung bewegt den Psalmisten zur Dankbarkeit : »Sie alle sollen danken für dein wunderbares Tun an den Menschen!« Die Verbindung von Mystik und Politik wird ganz konkret und alltäglich in diesen wenigen Versen: Hunger und Durst nach Gerechtigkeit in sich wachhalten und phantasievoll nach Überwindung suchen und zugleich unermüdlich danken für all das Wunderbare, das täglich an uns Menschen geschieht! Diese Grundhaltung bringe ich in Verbindung mit dem Wort »Gnade«, das ich als Geschenkcharakter unseres Lebens deute. Darin liegt der tiefste Grund unserer Dankbarkeit, der mich zur Hingabe führt. Was ich bedingungslos erhalten habe, möchte ich weiterschenken, weiterfließen lassen. Nur so kommen meine Gaben ans Licht, zur Entfaltung. Ein neues Sein ist uns verheißen. Paulus spricht oft vom »neuen Menschen« (Epheser 4,17-24), den wir anziehen sollen, weil wir Abbild Gottes sind. Dies geschieht nicht ein für allemal, sondern ereignet sich immer wieder, wenn wir unser Leben aus Dankbarkeit für ein größeres Ganzes zur Verfügung stellen. Dorothee Sölle konkretisiert die Beweg-Gründe des neuen Menschen, der in Christus lebt, so:

In den Worten › sich zur Verfügung stellen‹ schwingen auch erotische Konnotationen mit; › sich hingeben‹ ist ein Ausdruck der Liebe. Sich Gott hingeben für etwas, sich Gott zur Verfügung zu stellen, sich fügbar machen, disponibel sein, wie die französischen Arbeiterpriester immer wieder gesagt haben, das ist das Ziel der Gnade. In der großen Hingabe gehe ich eine Verpflichtung ein, ein commitment, das mein wirkliches Leben, meinen Leib verändert. Ich weiß, wofür ich lebe. Dann wird der Ort, an dem ich wohne, anders aussehen, die Zeit, die ich für bestimmte

Dinge gebe, wird sich verändern, meine Prioritäten können nicht mehr von › dieser‹ Welt beherrscht sein. Ich gebe mein Geld, meinen Konsum, nicht mehr in der gleichen Weise aus. › In Christus sein‹ heißt, diese Hingabe, zu der Christus uns in der Gnade ruft, zu vollziehen. Ich zitiere aus der Osterbotschaft von Taizé im Jahre 1970: › Der auferstandene Christus wird uns darauf vorbereiten, unser Leben zu geben, so, dass der Mensch nicht länger das Opfer des Menschen ist‹. [34]

All die vielen Menschen, die aus dieser Hoffnung heraus ihr Leben gestalten, stimmen mich sehr dankbar. Sie verweisen mich auf den Geist Gottes, die Freundin Geist, die uns alltäglich belebt, berührt, bewegt und begeistert zur Menschenfreundlichkeit.

Mystische Vertiefungen

Artikulierte Dankbarkeit kann das Leben heiligen: Im Staunen, Loben, Preisen, Danken können wir all das Gute, das durch uns und an uns geschieht, in Gott, der Quelle alles Guten, verwurzeln. Hierfür gibt es nicht »heilige« und »profane« Orte. Obwohl gewisse Orte eine besondere Kraft ausstrahlen, können wir durch unsere Dankbarkeit *jeden* Ort heiligen. Davon spricht auch Teilhard de Chardin:

> *Sagen wir es noch einmal: Kraft der Schöpfung und mehr noch der Inkarnation ist hier unten nichts profan für den, der zu sehen versteht. Alles ist im Gegenteil geheiligt für den, der in jedem Geschöpf das Teilchen erwählten Seins unterscheidet, das der Anziehung durch den auf dem Wege der Vollendung befindlichen Christus unterworfen ist. Erkennt mit Gottes Hilfe den selbst physischen und natürlichen Zusammenhang, der eure Mühsal mit dem Aufbau des himmlischen Reiches verbindet, seht, wie der Himmel selbst euch zulächelt und euch durch eure Werke hindurch anzieht, und ihr werdet, wenn ihr die Kirche verlasst, um in die laute Stadt zu treten, nur mehr das Gefühl haben, weiter in Gott hineinzutauchen. Wenn die Arbeit euch schal oder ermüdend erscheint, flüchtet euch in den unerschöpflichen Gewinn, im göttlichen Leben voranzuschreiten. Wenn sie euch leidenschaftlich begeistert, dann lasst die Freude an Gott, den ihr unter dem Schleier seiner Werke besser kennt und verlangt, in den geistigen Elan eingehen, den euch die Materie mitteilt. Niemals, auf keinen Fall, › ob ihr esst oder trinkt‹, … gebt eure Zustimmung, irgendetwas zu tun, bei dem ihr nicht zunächst die Bedeutung und den konstruktiven Wert in Christo Jesu erkennt und dann bis ins Letzte verfolgt.*[35]

Als dankender Mensch trage ich also viel zur Heilung des Lebens bei. Dies bedeutet nicht, zu allem Ja und Amen zu sagen. Ganz im Gegenteil: Durch mein Leben gebe ich *bewusst* Antwort auf all das, was mir an Fähigkeiten geschenkt wurde. Dies führt mich zur Ver-antwortung allen Menschen und der ganzen Schöpfung gegenüber. Daraus wächst jene tiefe Dankbarkeit, die Dorothee Sölle ihren Kindern wünscht:

Aber – organisierte Religion hin, organisierte Religion her – ich wünsche mir, dass Ihr alle ein bisschen fromm werdet. Vergesst das Beste nicht! Ich meine damit, dass Ihr Gott manchmal lobt, nicht immer – das tun nur Schwätzer und Höflinge Gottes –, aber doch manchmal, wenn Ihr sehr glücklich seid, so dass das Glück ganz von selbst in die Dankbarkeit fließt und Ihr »Halleluja« oder das große Om der indischen Religion singt.

Eins von Euch, ich glaube, es war Caroline, hat mal beim Besuch einer scheußlichen Kirche, in die wir Euch bei Reisen schleppten, trocken gesagt: › Ist kein Gott drin.‹ Genau das soll in Eurem Leben nicht so sein, es soll › Gott drin sein‹, am Meer und in den Wolken, in der Kerze, in der Musik und, natürlich, in der Liebe.[36]

Spirituelle Alltagsübungen

■ *Echos geben*

– Eines meiner alltäglichen Rituale besteht darin, jeden Tag jemandem schriftlich ein Echo zu geben, auf etwas Gutes, was getan worden ist. Ich staune, wie wenige Worte eine so große Wirkung haben können: »Das hat mir gut getan. Danke!« – »Ich freue mich an deinen Fähigkeiten. Danke, dass du sie weitergibst!« – »Dein Satz beim Abschied klingt wohltuend in mir nach. Danke!« Eine Postkarte mit einigen wenigen Worten kann bei der Empfängerin, beim Empfänger Wunder bewirken. Ich muss also nicht auf die großen Wunder warten, sondern kann im Alltäglichen die unzähligen Wunder Gottes erfahren.

– Auch im Leserbriefschreiben und im Bestärken von Menschen, die in Politik, Wirtschaft, Kirche große Verantwortung tragen, kann ich der Einseitigkeit entgegenwirken, nur dann zu reagieren, wenn etwas mir nicht passt.

■ *Ich bin gut, so wie ich bin*

– Tiefe Dankbarkeit dem Leben, d.h. Gott gegenüber zu spüren beginnt mit der Wahr-nehmung des Selbstwertgefühls. Wenn ich zu sehr auf das achte, was ich noch nicht kann, und mich zu sehr mit anderen vergleiche, dann verweist mich eine kleine Karte mit den Worten »Ich bin gut, so wie ich bin« auf die uralte biblische Verheißung des von Gott Angenommenseins. Ich hänge diese Karte an einen persönlichen Ort, wo ich sie jedoch oft sehe. Ich will mir nichts einreden, sondern hineinwachsen in etwas, was schon in mir ist.

– Im Annehmen von Komplimenten konkretisiert sich die Selbstannahme. Wenn ich zu schnell Komplimente abweise, weil es mir peinlich wird und ich mich am besten auflösen möchte, dann kann sich mir dadurch zeigen, dass ich Dank schlecht akzeptieren kann. Es kann lange dauern, bis ich jene Worte finde, die ich sage, wenn ich gelobt werde. Wer Komplimente wirklich annehmen kann, der verträgt auch Kritik besser. Ich suche nach dem Satz, den ich äußere, wenn ich Dank, positive Echos erhalte: »Danke, es tut mir gut! – Ich nehme dies dankbar an! – Es bestärkt mich, mich weiterhin einzubringen. Danke!«

■ *Schöpfungszentriertes Danken*

– Jeden Tag beim Aufwachen darf ich mich ins Geheimnis der Schöpfung hineinholen lassen. Dankbar darf ich bewusst meinen Lebensatem spüren – aus dem Vertrauen, dass mir auch heute so vieles geschenkt wird, was ich zu oft zu selbstverständlich hinnehme.

– Nach einem Spaziergang in der Natur drehe ich mich nochmals um, um den Bäumen, Tieren und Pflanzen für ihr Sein zu danken. Sie zeigen mir, wie auch mein tiefster Wert aus meinem Sein entspringt: Gott sei Dank!

Weg-Gebet

Mit jedem Atemzug will ich dir danken für
das Leben
die Schöpfung
die Begegnungen

Mit jedem Atemzug will ich mir bewusst werden
wie das Wesentliche im Leben ein Geschenk ist
meine Willenskraft
mein Hoffnungsfaden
meine Liebe zu Tier und Mensch
meine Entfaltungsmöglichkeiten

Mit jedem Atemzug will ich das Verbindende spüren
mit allen Menschen guten Willens
mit der Vielfalt aller lebensbejahenden Kulturen
mit dir
Gott du Quelle aller Beziehungen

Gedicht

MEER

Wenn man ans Meer kommt
soll man zu schweigen beginnen
bei den letzten Grashalmen
soll man den Faden verlieren

und den Salzschaum
und das scharfe Zischen des Windes
einatmen
und ausatmen
und wieder einatmen

Wenn man den Sand sägen hört
und das Schlurfen der kleinen Steine
in langen Wellen
soll man aufhören zu sollen
und nichts mehr wollen wollen
nur Meer

Nur Meer

Erich Fried[37]

9. Beharrliche Geduld wachhalten

Unser Hunger und Durst nach Gerechtigkeit dürfen nie gestillt werden. Geduld ist gefragt, um Hoffnung auf gerechtere Verhältnisse nicht zu verlieren: eine beharrliche Geduld, die Widerstand leistet und die Stimme erhebt, ohne den Glauben an das Gute im Menschen zu verlieren.

In der Schule konnte ich kaum zusehen, wenn ein/e MitschülerIn ungerecht behandelt wurde. Ich erinnere mich, wie eine Klassenkameradin »Schnee« mit nur einem E schrieb und ein Lehrer, der eine Stellvertretung hatte, mit ihr und der ganzen Klasse nach draußen ging und ihr den Kopf in den Schnee steckte, damit sie nie mehr vergesse, dass Schnee mit Doppel-E geschrieben wird. Wie alle andern stand ich stumm da. Innerlich war ich voller Revolte und Verachtung, nahe am Schreien. Doch ich schwieg, was ich bis heute bereue. Denn ich habe noch gelernt, dass Autoritäten schon wüssten, was sie tun.

Wenn ich schweige, sage ich auch etwas, nämlich Ja zum Bestehenden.

Mit der bewussten Begegnung der biblischen Botschaft als Jugendlicher begann in mir ein Befreiungsprozess. Denn obwohl Gott die Sonne über Gute und Böse aufgehen lässt, so hat er sich in der jüdisch-christlichen Tradition als Gerechtigkeit erwiesen, die sich in jeder, in jedem von uns durch beharrliche Geduld und klugen Widerstand konkretisieren muss. Für mich erhebt sich im Theologen Johann Baptist Metz jene Stimme, die mich ermutigt, beharrlich-geduldig nach Gerechtigkeit zu hungern. Dies geschieht nach J.B. Metz im »Eingedenken fremden Leides«, das sich als universale Autorität erweist:

Es gibt nämlich eine Autorität, die in allen großen Kulturen und Reli-gionen anerkannt und durch keine Autoritätskritik überholt ist: die Autorität der Leidenden ... Diese Autorität ist für mich, den christlichen Theologen, die einzige Autorität, in der sich die Autorität des richtenden Gottes in der Welt für alle Menschen manifestiert. Im Gehorsam ihr gegenüber konstituiert sich das moralische Gewissen; und was wir seine Stimme nennen, ist unsere Reaktion auf die Heimsuchung durch dieses fremde Leid. Bekanntlich hat Jesus in seiner Parabel vom Weltgericht (wieder eine jener Erzählungen, mit denen er in das Herz der Welt vorgedrungen ist) die gesamte Geschichte der Welt unter dieses Kriterium gestellt: › Was ihr einem der Geringsten getan habt, habt ihr mir getan ... Was ihr ihm nicht getan habt, habt ihr mir nicht getan‹.[38]

Beharrliche Geduld darf ich auch mit mir selber haben, denn ich kann mich wie alle Menschen nicht von einem Tag zum andern verändern. Dieses tiefe Wohlwollen mir und allen Geschöpfen gegenüber wurzelt in der Verheißung, das »Leben zu wählen« (Deuteronomium 30,19). Mit Geduld meine ich nicht ein passives Erdulden, sondern ein aktives Annehmen dessen, was sich nicht sofort ändern lässt, Ausschau haltend, wo sich auch nur die geringste Spur zur Veränderung zeigt.

Im Unterwegssein mit Menschen, die mit Arbeitslosigkeit, Krankheit, Zerbrechen einer Beziehung, Misserfolg und Enttäuschung konfrontiert sind, wird für mich Verständnis und Geduld zur vordringlichen Haltung. Jedem Menschen, jeder Geschichte, sei sie auch durch eigenes Verschulden erschwert, gilt es gerecht zu werden. Dies ist eine zutiefst persönliche Auf-gabe, weil jede und jeder verschieden ist. Um Vereinsamung und die Priva-tisierung nicht zu verstärken, ist es notwendig, die strukturellen Aspekte, das Verbindende in all diesen persönlichen Geschichten zu entdecken.

Hunger und Durst nach Gerechtigkeit, nach fairen Lebensbedingungen für alle, sind die Mitte der biblischen Botschaft. Aus dieser Quelle schöpfe ich, um den langen Atem der Hoffnung in mir wachzuhalten. Hunger und Durst nach Gerechtigkeit fordern mich auf, Optionen zu treffen. Dabei will ich nicht Feindbilder schaffen, aber ganz realistisch in meinem spirituellen Weg davon ausgehen, dass ich in dieser Solidarität selber an den Rand gedrängt werden kann.

Biblische Vertiefungen

Im Buch Rut begegnen mir Frauen, die beharrlich-geduldig in auswegsloser Situation den Aufbruch wagen und Solidarität miteinander einüben: Rut beharrt darauf, mit ihrer Schwiegermutter Noomi zurückzugehen nach Bethlehem, obwohl sie zuerst abgewiesen wird (vgl. Kapitel 1 dieser biblischen Weggeschichte).

Wenn ich im Bibliodrama diese und andere Szenen aus dieser Erzählung spielen lasse, wird schnell erfahrbar, dass zur beharrlichen Geduld auch die Qualität der Konfliktfähigkeit gehört: miteinander Ringen in aller Verschiedenheit.

In der Bibel sind es vor allem prophetische Menschen, die berechtigte Kritik einbringen und zugleich durch ihre Visionen neue Wege des Zusammenlebens aufzeigen. Doch auch sie leben aus dem Grundvertrauen, dass das Gute im Menschen angelegt ist. Oder wie es der Prophet Micha kurz und bündig auf den Punkt bringt: »Es ist dir gesagt worden, Mensch, was gut ist und was Gott von dir erwartet. Nichts anderes als dies: Recht tun, Güte und Treue lieben, in Ehrfurcht den Weg gehen mit deinem Gott« (6,8).

Im beharrlichen Einfordern der Gerechtigkeit bleibt mir die syrophönizische Frau wegweisend (Markus 7,24-30). Sie wendet sich an Jesus und lässt sich nicht beirren von seiner vorläufigen Absage. Dank ihrer begegnen wir einem lernenden Jesus, der seinen Standpunkt verändern lässt, ohne sein Profil aufzugeben. Wenn mein Widerstand wenig Früchte zeigt und mich die Zweifel einholen, dann identifiziere ich mich mit dieser Frau, die ihre Stimme erhebt und aus dem langem Atem der Hoffnung ihr Engagement lebt. Immer vertrauend, dass Wunder nicht machbar sind und doch auch durch uns initiiert werden können.

Mystische Vertiefungen

Dietrich Bonhoeffer ist für mich ein Mensch, der seine Leidenschaft für das Leben in beharrlicher Geduld gelebt hat. Sein Gedicht »Von guten Mächten wunderbar geborgen«, das er kurze Zeit vor seiner Hinrichtung geschrieben hat, lebt aus dieser Zuversicht. »Widerstand und Ergebung« gehören zur Gratwanderung seiner Gottessuche und Menschenliebe:

Ich glaube, dass Gott aus allem, auch aus dem Bösesten, Gutes entstehen lassen kann und will. Dafür braucht er Menschen, die sich alle Dinge zum Besten dienen lassen. Ich glaube, dass Gott uns in jeder Notlage so viel Widerstandskraft geben will, wie wir brauchen. Aber er gibt sie nicht im Voraus, damit wir uns nicht auf uns selbst, sondern allein auf ihn verlassen. In solchem Glauben müsste alle Angst vor der Zukunft überwunden sein. Ich glaube, dass auch unsere Fehler und Irrtümer nicht vergeblich sind, und dass es Gott nicht schwerer ist, mit ihnen fertig zu werden, als mit unseren vermeintlichen Guttaten. Ich glaube, dass Gott kein zeitloses Fatum ist, sondern dass er auf aufrichtige Gebete und verantwortliche Taten wartet und antwortet.[39]

Diese Grundhaltung drücke ich in dem von mir aktualisierten Psalm 1 mit folgenden Worten aus: »Es kommt auf mich an und hängt letztlich nicht von mir ab«. Aus diesem Vertrauen fließt Achtsamkeit allen Dingen gegenüber, wie das der buddhistische Mönch Thich Nhat Hanh nennt, die aus Geduld und Ausdauer entsteht.

Die Mystikerin Simone Weil nennt die Geduld Aufmerksamkeit für das Alltägliche:

Die Aufmerksamkeit ist nicht nur der wesentliche Gehalt der Gottesliebe. Auch die Nächstenliebe, von der wir wissen, dass sie die gleiche Liebe ist, ist aus dem gleichen Stoff gemacht. Die Unglücklichen bedürfen keines anderen Dinges in dieser Welt als solcher Menschen, die fähig

sind, ihnen ihre Aufmerksamkeit zuzuwenden ... Die Fülle der Näch-
stenliebe besteht einfach in der Fähigkeit, den Nächsten fragen zu kön-
nen: › Welches Leiden quält dich?‹ Sie besteht in dem Bewusstsein, dass
der Unglückliche existiert, nicht als Einzelteil einer Serie, nicht als
Exemplar der sozialen Kategorie, welche die Aufschrift › Unglückliche‹
trägt, sondern als Mensch, der völlig unseresgleichen ist und dem das
Unglück eines Tages einen unnachahmbaren Stempel aufgeprägt hat.[40]

Darum halten mystische Menschen ihren Hunger und Durst nach Gerechtigkeit wach und bleiben den Leidenden treu, auch wenn sie aus den Schlag-
zeilen verschwunden sind. Dorothee Sölle verdanke ich dieses ganzheitliche
Erkennen, dass Jesus Partei ergriffen hat, dass seine Jüngerinnen und Jünger
bis heute gerufen sind, sich für das Leben aller ein- und auszusetzen.

Denn »Christus hat den Ausgebeuteten nicht Unterwürfigkeit und Er-
gebung gepredigt. Er brachte nicht den Frieden der drei asiatischen
Affen, die ihre Augen, ihre Ohren und ihren Mund schließen, um nichts
gehört und nichts gesehen zu haben, damit sie nicht sprechen müssen
und die Schreie der Unterdrückten und Gefolterten nicht wiederholen
müssen.«[41]

Die Verwurzelung in Christus bestärkt uns, beharrlich an einer gerechteren
und zärtlicheren Welt mitzugestalten. Hier und Jetzt.

Spirituelle Alltagsübungen

■ *Solidaritätslichter entzünden*

– Ich suche in meinem Wohnviertel oder Dorf Menschen, die bereit sind jeden Morgen oder jeden Abend für Menschen, die ausgegrenzt werden und im Schatten unserer Gesellschaft leben, ein kleines Teelicht auf dem Fensterrand zu entzünden. Durch vielfältige solidarische Handlungen lassen wir sie erfahren, dass ein Licht für sie brennt. Ein Licht als Zeichen des Widerstandes gegen den zunehmenden Egoismus in unserer Welt.

– Die Kultur der Konfliktfähigkeit Jesu drängt mich geradezu, Unrecht beim Namen zu nennen und in meiner Umgebung ein besonderes Gespür zu entwickeln für Menschen, die mit ihrer Not alleine sind, indem zum Beispiel Nachbarschaftshilfen gefördert werden.

■ *Widerstand leisten*

– Mitten im Tag mit beiden Füßen auf dem Boden stehen, gerade stehen für mein Leben, mein Rückgrat durch bewusstes Ein- und Ausatmen aufrichten lassen. Dabei vergegenwärtige ich mir, wie Gott mein Grund ist, der mich trägt, um den Aufstand für das Leben zu wagen. Dann stampfe ich bewusst auf den Boden, um einzuüben, mich mitten im Alltag zu wehren, wenn Menschen angepöbelt oder ungerecht behandelt werden.

Christus hat keine anderen Hände, Füße und Herzen als unsere, um in unserer Arbeit, in all unserem Tun, Gott ein Gesicht, einen Leib zu verleihen. Denn in der Eucharistie *empfangen* wir nicht nur den Leib; wir sind auch aufgerufen, Leib Christi zu *sein*, damit sich beispielsweise in menschenwürdigen Arbeitsbedingungen und kinderfreundlichen Räumen diese Zusage konkretisiert.

– Auch auf dem Weg zur Arbeit oder auf dem Heimweg kann mit dem bewussten Stampfen auf den Boden die innere Lebenskraft gestärkt werden.

■ *Geld und Spiritualität*

Auf einem spirituellen Weg droht uns immer wieder die Gefahr, etwas auszuklammern. Beim Geld, das wir all-täglich benutzen, besteht diese Tendenz, weil es »schmutzig« ist und meine Lohntüte so gut wie »top secret« ist.

– Eine geerdete Spiritualität entdeckt im Geld existentielle Grundbedürfnisse – wie Sicherheit, Anerkennung, Freiheit. So frage ich mich regelmäßig: Wieviel gebe ich für mich aus, was leiste ich mir? Wo teile ich, weil ich weiß, dass mein Verdienst nicht allein aus meiner Arbeit stammt, sondern auch damit zusammenhängt, dass andere keine fairen Löhne erhalten? Wieviel Prozent meines Lohnes stelle ich andern als zinsloses Darlehen zur Verfügung, weil ich damit, besonders auch jungen Menschen, Zukunftsperspektiven ermögliche?

– Auf welcher Bank ich mein Geld anlege, ist eine zentrale spirituelle Frage. Denn wenn mit meinem Geld indirekt Waffenlieferungen und Drogenhandel unterstützt werden, so bewege ich mich in der

Todesspirale. Ich als Einzelner bin gefragt, mich bei meiner Bank zu informieren und gegebenenfalls alternative Banken zu unterstützen, die mit ökonomischer Seriösität und ethischen Grundsätzen arbeiten. Dies gilt besonders auch für Kirchenverwaltungen, Ordensgemeinschaften und alle Organisationen und Parteien, die sich auf eine christliche Soziallehre berufen.

■ *Menschen treu bleiben*

– Menschen, die während einer längeren Zeit krank sind, harte Schicksalschläge erfahren oder in anderen ausweglosen Situationen sind, brauchen kleine Zeichen der Treue: Durch einen Anruf, eine Karte, eine Blume kann ich mitsorgen, dass in ihnen das Feuer des Vertrauens in das Leben nicht erlischt.
– »Erfolg ist keines der Worte Gottes«, sagt Martin Buber. Im Einsatz für Gerechtigkeit rechne ich auch mit Rückschlägen und Misserfolgen; das Scheitern Jesu am Kreuz eröffnet mir neue Zugänge zu echtem, Gerechtigkeit förderndem Menschsein.

■ *Geduld mit mir selber haben*

Mir selber mit Wohlwollen begegnen, wenn ich Grenzerfahrungen mache, mir so viel Verständnis entgegen bringen, wie ich es andern zukommen lasse, ist eine lebenslange Aufgabe. In Momenten, wo ich meine, an einem toten Punkt angelangt zu sein, wo meine Wunden spürbar sind, versuche ich mich zu erinnern, wie in der Wunde die stärkste Energie liegt. Das Wesentliche ist schon da: die Quelle in mir. Wenn die Kanäle verstopft sind, brauche ich beharrliche Geduld mit mir. Mich meiner inneren, göttlichen Begleitung anvertrauen bedarf manchmal einer Stimme von außen, die mich an die Grundverheißung, gehalten zu sein, erinnert.

Weg-Gebete

Du bist Gerechtigkeit
lebst in all den Initiativen von Menschen
die sich nicht abfinden mit Ausgrenzung und Ausbeutung

Du bist beharrliche Geduld
wirksam in all den Menschen
die den langen Atem der Hoffnung einüben

Du bist leidenschaftliche Kraft
erfahrbar in einer Widerstandskultur
wo jeder Mensch seine Würde behält

Du bist wohlwollende Zuwendung
sichtbar im unermüdlichen Glauben an das Gute im Menschen
das sich auch in der Parteinahme für die Kleinen zeigt

Du bist Gerechtigkeit und Barmherzigkeit
geheimnisvoll nahe in unserem Hunger und Durst
nach deiner verwandelten Welt
wo alle gesättigt aufrecht gehen können

✦

Verwurzelt der Mensch

Verwurzelt der Mensch
der wagt zu seiner Meinung zu stehen
der sich wehrt
auch für die Rechte der kleinen Leute

Verwurzelt der Mensch
der darauf vertraut
dass es wohl auf ihn ankommt
aber letztlich nicht von ihm abhängt

Er wird sein wie ein Baum
am Wasser verwurzelt
auch wenn um ihn die Dürre sich ausbreitet
so bringt er Früchte

Wenn die Kritik und die Zweifel kommen
wird er sich besinnen
auf den Fluss des Urvertrauens
der auch durch ihn fließt
er wird nicht alleine gegen den Strom schwimmen
und die göttliche Quelle
immer neu in sich entdecken

Nach Psalm 1,3[42]

Gedicht

Unsere Leiden
gewinnen an Würde,
wenn sie teilhaben am Leiden der Welt.

Unsere Freuden
werden wahrhaftig,
wenn sie nicht mehr nur
ausgesparte Oasen
unseres Vergnügens und Genusses sind.

Unser ICH wächst uns zu
aus der Verletztheit unseres Seins
aus dem Stand der Getretenen,
in dem Maße,
wie wir die Risse
und den Abstand zwischen uns ausfüllen
mit unserer Liebe
zur Welt.

Cristy Orzechowski[43]

10. Zärtlichkeit und Sinnlichkeit
erfahren

Gott ist Zärtlichkeit. Die ganze Schöpfung, Pflanzen, Tiere, Menschen erzählen vom großen, zärtlichen Segen Gottes. Die Sinnlichkeit Gottes lässt sich in unserer Leibhaftigkeit hautnah erfahren. Unsere Geschlechtlichkeit verweist uns auf einen Gott der Zuwendung, der Lust, der Zärtlichkeit, der Beziehung, die sich in Verantwortung und gegenseitigem Respekt ereignet. Diese Achtsamkeit gilt der ganzen Schöpfung gegenüber, sie gilt jedem Menschen, der nie Objekt, sondern einmalig, einzigartig ist. Matthew Fox hat eine Schöpfungsspiritualität entwickelt, die uns in die Schöpfung hineinholt. Dabei hat er in bemerkenswerter Weise aufgezeigt, dass es in der Geschichte der Spiritualität – vereinfacht gesagt – wie zwei große Grundlinien gibt. Die eine, die sich sehr auf Sündenfall/Erlösung konzentriert und die eher dualistisch und patriarchal ausgerichtet ist. Die andere, die vom großen Segen ausgeht, der uns vor jedem Tun in der Schöpfung entgegenkommt.

Die Sündenfall/Erlösungs-Spiritualität lehrt die Menschen jedoch nichts über die Neue Schöpfung und Kreativität, nichts über Gerechtigkeit und sozialen Wandel, nichts über Eros, Spiel, Spaß und den Gott der Freude. Es gelingt ihr nicht, Liebe zur Erde oder Achtsamkeit für den Kosmos zu lehren, und sie hat solche Angst vor Leidenschaft, dass sie nicht auf die leidenschaftlichen Bitten der anawim hören kann, der Erniedrigten der Geschichte. Die gleiche Angst vor der Leidenschaft hindert Liebende daran, ihre Erfahrungen als spirituelle und mystische Erfahrungen zu feiern. Auch gegenüber Künstlern und Propheten, gegenüber Indianern und Frauen hat sich diese Tradition nicht freundlich gezeigt.[44]

Diese Erkenntnis heißt für mich persönlich im Gestalten der Sexualität: Ich muss nicht mehr darüber stehen, sondern darin.

Dies gilt für all meine Leidenschaften und für meine Lebenslust. Sie dürfen sein, damit ich sie gestalten kann. Mehr noch, sie sind Ausdruck der schöpferisch-sinnlich-göttlichen Lebenskraft in mir, die mich die Verbindung mit dem großen Lebensstrom in der ganzen Schöpfung erahnen lässt. Berührung und Zuwendung werden zu jenen göttlichen Ausdrucksweisen, die mich mit Leib und Seele Mensch werden lassen.

Für mich persönlich bedeutet dies auch, den Mönch und den Liebhaber in mir in einen spannenden Dialog zu bringen, damit ich schweigend-sinnlich meine Sehnsucht nach Geborgenheit, die unstillbar bleibt, leben kann. In meiner sexuellen Lebenskraft werde ich auf die tiefsten Urwünsche verwiesen. Auch als Mönch vertiefe ich spirituell meine sexuelle Kraft, indem ich ganzheitlich meine Geschlechtlichkeit bejahe und in meinen sexuellen Regungen meine Lebendigkeit und Beziehungsfähigkeit dankbar wahrnehme. Ich lasse sie durch mich hindurch in Gott hineinfließen. Dies gelingt nicht immer. Im Gestalten meiner Sexualität sehe ich den Gradmesser dafür, wie ich mit mir umgehe; und nehme wahr, was ich brauche, um auch schwierige Momente der Einsamkeit auszuhalten und sie verwandeln zu lassen.

Biblische Vertiefungen

Schön bist du, meine Freundin, ja, du bist schön.
Hinter dem Schleier sind deine Augen wie Tauben.
Dein Haar gleicht einer Herde von Ziegen, die herabzieht von Gileads
Bergen.
Deine Zähne sind wie eine Herde frisch geschorener Schafe,
die aus der Schwemme steigen.
Jeder Zahn hat sein Gegenstück, keinem fehlt es.
Rote Bänder sind deine Lippen, lieblich ist dein Mund.
Dem Riss des Granatapfels gleicht deine Schläfe hinter dem Schleier.
Deine Brüste sind wie zwei Kitzlein,
wie die Zwillinge einer Gazelle, die in den Lilien weiden.
Wenn der Tag verweht und die Schatten wachsen,
will ich zum Myrrhenberg gehen, zum Weihrauchhügel.
Alles an dir ist schön, meine Freundin, kein Makel haftet an dir.

Hohelied 4,1-7

Diese kraftvollen, erotischen Bilder tun mir gut. Sie dürfen nicht einseitig als geistliche Erfahrungen der Gottessuche überhöht werden. Denn sonst bleibt die fatale Trennung zwischen Sexualität und Spiritualität weiterhin bestehen. Wir haben keinen Leib, wir sind Leib. Die biblischen Bilder zeigen uns, wie wir unsere Sexualität, unsere Erotik in Verbindung bringen können mit unseren großen Urwünschen nach Ansehen, Anerkennung, Verwandlung und Verwurzelung, die wir dann doch letztlich nur in Gott selber stillen können. Solches ereignet sich, wenn wir unsere sexuelle Kraft integrieren und spirituell vertiefen, die uns verweist auf einen sinnlichen, zärtlichen und schöpferischen Gott.

Wir lesen am Anfang der Bibel »Adam erkannte Eva, seine Frau; sie wurde schwanger und gebar Kain« (Genesis 4,1). Im Ausdrücken von Intimität, Ekstase, gegenseitigem Respekt und Liebe können Menschen im verantwortungsvollen Gestalten ihrer Sexualität den andern erkennen als

Abbild Gottes. Anerkennung, erkennen umfasst im biblischen Sinn ganzheitliche leibhaft-seelisch-geistliche Ebenen. In diesem lustvollen zärtlichen Zusammensein lässt sich Gottes Liebe erkennen, die wie alles Wesentliche im Leben nicht kauf- und machbar, sondern Geschenk ist.

In der Praxis Jesu verdichtet sich diese zärtliche Zuwendung, die aus der Verbundenheit mit der Schöpfung lebt. In der Bergpredigt erinnert uns Jesus an den großen Segen Gottes, der uns durch die Pracht der Schöpfung in den Lilien auf dem Felde entgegenkommt. Es geht dabei wesentlich um die Dimension des authentischen Seins: »Der Leib ist wichtiger als die Kleidung« (Matthäus 6,25). Im liebevoll-sorgsamen Umgang mit unserem Leib können wir hineinwachsen in die große Lebensfreude, die sich nicht im Konsum befriedet, sondern im Genießen unserer Beziehungen und in unserer Verwurzelung in der Schöpfung. Beides verweist uns auf unseren Schöpfer, den Urgrund aller Beziehungen.

Mystische Vertiefungen

Mystik und Eros gehören zusammen. Die erotischen Bilder, die freundschaftlichen Motive, die MystikerInnen verwenden, um die Beziehung der Seele zu Gott zu umschreiben, wurzeln in der Erfahrung von Freundschaft und erotischer Lebenskraft. Hildegard von Bingen sieht die Sexualität als Abbild des von Ewigkeit her innerhalb der göttlichen Dreifaltigkeit stattfindenden Gesprächs. Nach ihr sind die Geschlechtsorgane wie das Gehirn mit Vernunft begabt. Darum sieht sie im Geschlechtsakt nichts Unreines, sondern die »Kraft der Ewigkeit«[45]. Mechthild von Magdeburg hat das Liebesgeschehen zwischen Gott und der Seele kraftvoll in Sprache gebracht: als ein Geschehen, das den ganzen Menschen mit Leib und Seele erfasst. Sie lässt uns einen Gott erahnen, der Berührung braucht: »Gott hat an allen Dingen genug: Nur allein die Berührung der Seele wird ihm nie genug.«[46] Diese Grundhaltung führte den Ordensgründer der »Frères des Ecoles Chrétiennes«, Jean-Baptiste de la Salle (1651-1719) zur tiefen Überzeugung, dass die GUTE NACHRICHT, wie sie durch Jesus spürbar geworden ist, in die existentiellen Fragen und Hoffnungen der Menschen, besonders der Kinder und Jugendlichen hineingeholt werden muss. Dies wird möglich, wenn in diesem partnerschaftlichen Unterwegssein, immer wieder die »Herzen berührt werden« (toucher les coeurs)[47]. Ein Prozess, der nur möglich wird, wenn ich mich selber von Gottes Geist bewegen und berühren lasse.

Dieses mystische Erfahren und Reden von Gott, lässt uns einen Gott entdecken, der nicht in sich statisch ruht, sondern, wie Martin Buber eindrücklich schreibt, uns Menschen braucht:

Dass du Gott brauchst, mehr als alles, weißt du allzeit in deinem Herzen; aber nicht auch, dass Gott dich braucht, in der Fülle seiner Ewigkeit, dich? Wie gäbe es den Menschen, wenn Gott ihn nicht brauchte, und wie gäbe es dich? Du brauchst Gott, um zu sein, und Gott braucht dich – zu eben dem, was der Sinn deines Lebens ist ... Schöpfung – sie geschieht an uns, sie glüht sich uns ein, glüht uns um, wir zittern und vergehn, wir unterwerfen uns. Schöpfung – wir nehmen an ihr teil, wir begegnen dem Schaffenden, reichen uns ihm hin, Helfer und Gefährten.[48]

Diese leidenschaftliche Hingabe, dem Leben zuliebe, zeigt sich in unserer Lebensfreude, unserer Sinnlichkeit und zutiefst auch in unserem sym-pathischen Mitsein. Die Verwurzelung in Christus verweist uns in die Mitte des Lebens und verändert unser Gottesbild radikal. Wie Buber engagiert sich Dorothee Sölle für einen Gott, der uns Menschen braucht, mit Leib und Seele:

Dass Gott in der Welt beleidigt und gefoltert wird, verbrannt und vergast wurde und wird, das ist der Fels des christlichen Glaubens, dessen Hoffnung darauf geht, dass Gott zu seiner Identität komme. Dieser Schmerz ist unauslöschlich, und diese Hoffnung kann nicht vergessen werden. Was den Christen gemeinsam ist, ist das › Teilhaben am Leiden Gottes in Christus. Das ist ihr Glaube.‹ Darin wissen sie, dass Gott ohnmächtig ist und Hilfe braucht. Als die Zeit erfüllt war, hatte Gott lange genug etwas für uns getan. Er setzte sich selber aufs Spiel, machte sich abhängig von uns und identifizierte sich mit den Nichtidentischen. Es ist nunmehr an der Zeit, etwas für Gott zu tun.[49]

Dies können wir, wenn wir in Verbindung sind mit unserer Lebenskraft, die uns in unserer Sinnlichkeit, Leidenschaft und Zärtlichkeit all-täglich neu geschenkt wird. Darin scheint das Heilende auf:

In der Dankbarkeit für meine Sexualität blüht auch der Eros als eine heilige und heilende Kraft auf, da gibt er meinem Leben einen neuen Geschmack, da bringt er in meine Beziehung zu Gott den Geschmack des Weines, da verwandelt er das abgestandene Wasser meiner moralischen Reinheitsideale zum Wein des göttlichen Lebens.[50]

Spirituelle Alltagsübungen

■ *Erotische Gefühle fließen lassen*

Im erotischen Empfinden, in meiner Leidenschaft darf ich mich dankbar als lebendigen Menschen erfahren. Meine Lebenskraft und letztlich meine tiefste Sehnsucht nach Gott zeigt sich auch in meinem sinnlichen Wahrnehmen. Menschen, die ihre Leidenschaft verdrängen, können auch keine Leidenschaft für die Gottessuche entfalten. Sexuelle Phantasien zeigen mir, was mir fehlt im Leben, was ich brauche. Was immer in Tag- oder Nachtträumen an Phantasien da sind, ich versuche sie anzunehmen, um den tieferen Sinn zu entdecken, der mich mit meinen innersten Wünschen in Verbindung bringt. Auch Zeiten der Selbstbefriedigung können mir helfen, mein Leben neu zu ordnen und dem nachzugehen, was zu kurz kommt.

■ *Mein Mann-/Frausein bejahen*

Identität ist eine der zentralen Fragen unserer Zeit. Dies betrifft auch das Rollenverhalten von Mann und Frau.

– Ich wehre mich besonders gegen sexistische Sprache und Verhaltensweisen und bemühe mich, auch durch meine Sprache eine einseitig, männlich-patriarchale Kultur zu überwinden.

– Männer- und Frauengruppen können einen neuen sensiblen, zärtlichen Umgang untereinander fördern, wo nichts an Unterschieden und Entschiedenheiten verloren gehen muss.
– Mir hilft es, mit anderen Männern über meine Gefühle, meinen Umgang mit Macht, meine Sexualität zu sprechen und einen neuen zärtlichen Umgang einzuüben, wo ich auch weinen darf.

■ *Kultur der Zärtlichkeit*

– Zärtlichkeit zeigt sich nicht nur in der Berührung von Menschen. Sie drückt sich auch aus im Singen, im Umarmen eines Baumes, im Einrichten meines Zimmers, im Zubereiten des Essens.
– Gottes Zärtlichkeit wird erfahrbar im achtsamen Umgang und im wohlwollenden Respektieren der Verschiedenheit von Menschen.
– Eine Spiritualität der Zärtlichkeit kann ich ausdrücken, wenn ich zum Beispiel das Bett für die Gäste richte, Blumen ins Zimmer stelle und eine kleine Schokolade auf das Kissen lege: Die Verwurzelung in Gott, wie sie Jesus gelebt hat, drückt sich durch sinnliche Erfahrungen aus, in Umarmungen, im Essen und Trinken, in wohlriechenden Düften, im Salben des Körpers mit kostbaren Ölen...

Weg-Gebet

Zärtlichkeit
bist du Gott
Quelle aller Sinnlichkeit
erfahrbar in der erotischen Leidenschaft
im lustvollen Genießen unseres Leibseins
im verantwortungsvollen Gestalten unserer Sexualität

Leidenschaft
bist du Gott
Quelle aller Zuwendung
spürbar in unserer sexuellen Lebenskraft
die Menschen zusammenführt
die Ekstase ermöglicht
die Einfühlsamkeit bewirkt

Du zärtlicher und leidenschaftlicher Gott
ereigne dich immer neu
im liebend-erotischen Spiel unseres Zusammenseins
im Mitgestalten an einer zärtlicheren Welt
wo Menschen einander zutiefst wohlgesinnt sind

Gedicht

CORONA

Aus der Hand frißt der Herbst mir sein Blatt: wir sind Freunde.
Wir schälen die Zeit aus den Nüssen und lehren sie gehn:
die Zeit kehrt zurück in die Schale.

Im Spiegel ist Sonntag,
im Traum wird geschlafen,
der Mund redet wahr.

Mein Aug steigt hinab zum Geschlecht der Geliebten:
wir sehen uns an,
wir sagen uns Dunkles,
wir lieben einander wie Mohn und Gedächtnis,
wir schlafen wie Wein in den Muscheln,
wie das Meer im Blutstrahl des Mondes.

Wir stehen umschlungen im Fenster, sie sehen uns zu von der Straße:
es ist Zeit, daß man weiß!
Es ist Zeit, daß der Stein sich zu blühen bequemt,
daß der Unrast ein Herz schlägt.
Es ist Zeit, daß es Zeit wird.

Es ist Zeit.

Paul Celan[51]

11. HOFFNUNGSVOLLE KREATIVITÄT
ERSPÜREN

Für mich sind Künstlerinnen und Künstler jene Menschen, die mich mit großer Sensibilität und Kreativität zur Hoffnung anstiften, auch wenn sie mir manchmal einen unbequemen Spiegel entgegenhalten.

Hoffnung drückt sich in Kreativität aus. Menschen, die aus der Hoffnung des Glaubens ihr Leben und die Mitwelt gestalten, mischen sich nach der jüdisch-christlichen Tradition ein, sie lernen die Welt wahr-nehmen und aushalten. Ich sehe den Glauben als ein Verwurzeln in Gottes Gegenwart, die sich mir in der *ganzen* Schöpfung zeigt. Nicht die Kirche ist das Haus Gottes, sondern die Schöpfung. Ein glaubender Mensch findet sich nicht mit Resignation ab – obwohl er das auch kennt –, sondern er/sie sucht das unerschöpfliche Hoffnungspotential in der Schöpfung, d.h. auch in sich. Denn die Verwurzelung in Gott verweist mich auf die uralte höchst aktuelle Verheißung, an das Unmögliche zu glauben. Nicht aus Realitätsverlust, sondern um den eingespielten Mechanismen der Mächtigen eine andere Dimension entgegenzusetzen: die Wirklichkeit aus der Sicht der kleinen Leute. In der mitfühlenden Fähigkeit zum Mit-leiden entsteht Kraft zur Hoffnung, denn »die Traurigkeit, die Gott wirkt, macht uns christusförmiger, lebendiger, schmerz- und liebesfähiger ... Dann können Menschen auch das Leiden, das ihnen als ein Leiden zum Tode erscheint, auch den bitteren Schmerz der Hoffnungszerstörung in sich verwandlen und ihm die Richtung des Lebens geben.«[52] Aus dieser Richtung entstehen kreative Hoffnungs-Initiativen, die ein entschiedenes TROTZDEM wagen. Denn wer schweigt, der sagt Ja zu den bestehenden Verhältnissen.

Auch wenn das Wort Gott dort nie erwähnt wird und ich niemanden vereinnahmen will, so habe ich doch spirituelle Erfahrungen dank Konzerten, Zirkus, Filmen, Theater, StraßenmusikantInnen, Ausstellungen, Büchern und Graffitis gemacht. Denn Freundin Geist lässt sich nicht einschließen oder pachten, sie lebt wo sie will. Wir brauchen Orte der Hoffnung, die für immer auch Orte der Erinnerung sind, wie dies Claus Eurich in seinem Plädoyer für Kontemplation und ökologisches Engagement beschreibt:

Das Vergessen-Wollen verlängert das Exil, und das Geheimnis der Erlösung heißt Erinnerung. Mit dem Aussterben der Erzählung und des Erzählens – wann war diese Einsicht wichtiger als im elektronischen Zeitalter – stirbt die Erinnerung, reißt der Faden zu unserer eigenen Geschichte, verschwimmt die Sehnsucht nach Befreiung.
Ähnlich der Erzählung vermag die Kunst die Erfahrung der Verdichtung des Göttlichen in der Materie zu vermitteln; und zwar sowohl in der künstlerischen Arbeit selbst wie auch in der Rezeption des Kunstwerks. Im Augenblick tiefster Wahrnehmung erschüttert das Kunstwerk – ob Bild, ob Musik, ob darstellende Kunst – den Rezipierenden, zieht ihn seine Aura ganz in ihren Bann, scheint durch das Vordergründige etwas Un-begreif-bares hindurch, das Alltägliche unendlich hinter sich lassend. Das Wort und die Kunst, sie vermögen der Sehnsucht nicht nur Ausdruck zu geben; wie Sterne können sie vom Himmel fallen und die Suche der Sehnsüchtigen erleuchten. Kurz nur wird der Blick frei auf das Numinose, doch der Augenblick brennt sich ein.[53]

Orte der Hoffnung brauchen wir, wo Menschen Zeit haben, damit wir uns in großer Kreativität erinnern, wie Gott immer schon heilvoll unsere Geschichte bewegt hat.

Biblische Vertiefung

Auf meiner Suche, aus der Hoffnung mein Leben gestalten und meine Kreativität beleben zu lassen, sind mir einige Verse aus dem 8. Kapitel des Propheten Sacharja besonders lieb geworden. Geschrieben in einer Zeit des Umbruchs und der Verunsicherung, drückt der Text ein zentrales Anliegen eines prophetischen Glaubens aus: die kreative Kraft der Hoffnung auf eine neue, von Gott geschenkte Zukunft. Dabei begegnen wir einem Gott, der um die Resignation und den Vertrauensverlust seines Volkes weiß. Viele Gründe gab es damals und gibt es heute, um sich abzufinden mit Ungerechtigkeit und Oberflächlichkeit. In diese Zweifel hinein lässt der Prophet Gott ein hoffnungsvolles Wort sprechen: »Wenn das dem Rest dieses Volkes in jenen Tagen zu wunderbar erscheint, muss es dann auch mir zu wunderbar erscheinen?« (8,6-8) Gott erweist sich als die machtvolle Lebenskraft in jedem Menschen, die uns hoffen lässt, aller Hoffnungslosigkeit zum Trotz.

Beeindruckend ist für mich, dass das Wunderbare, an dem Gott festhält, etwas ganz Alltägliches ist: »Greise und Greisinnen werden wieder auf den Plätzen Jerusalems sitzen ... die Straßen der Stadt werden voll Knaben und Mädchen sein, die auf ihnen spielen« (V. 4-5). – Mögen die Zeitungen auch täglich voll von schlechten Nachrichten sein, es gibt doch überall auf der Welt Menschen, die Wunderbares ermöglichen – in Sarajewo, in Ruanda, auch in meiner Nachbarschaft, wo zum Beispiel multikulturelle Begegnungen gefördert werden. Diese Hoffnung wird sichtbar in der Praxis Jesu, wie sie uns im 4. Kapitel des Lukas-Evangeliums wie ein Manifest vorgestellt wird. Jesus bringt sein Wirken in Verbindung mit dem Hoffnungspropheten Jesaja: In und aus Gott leben heißt aufbrechen, um den Rand zum Zentrum werden zu lassen, um den Armen, Gefangenen, Zerschlagenen eine Stimme zu verleihen. Dieses Evangelium, das für meinen priesterlichen Weg Begründung ist, entdecke ich von Neuem in der unerschöpflichen Kreativität all jener Menschen, die ihre Sehnsucht in Wort, Bild, Musik ... ausdrücken. Denn Gottes Geist bewegt uns mitten in die Realität unseres Lebens, um in ihr die Hoffnungsspur zu entdecken und zu verstärken.

Mystische Vertiefung

Echte Mystikerinnen und Mystiker sind keine schwärmerischen Menschen, abgehoben und weltfremd. Ihre Verwurzelung in Gott führt sie auf die Straße, in die Mitte unserer menschlichen Not und Hoffnung. Dies ist meine befreiende Entdeckung, als ich in einer Zeit der Verunsicherung während eines Jahres den Spuren der Mystik folgte. Dabei begegnete ich Menschen, die einen Weg nach innen wagten, auch in die eigenen dunklen Abgründe und in ihre große Sehnsucht nach Vereinigung mit Gott, um sich dadurch noch entschiedener für Reformen und Menschenrechte einsetzen zu können. In fiktiven Briefen bin ich mit Hildegard von Bingen, Johannes Tauler, Teresa von Avila, Johannes vom Kreuz in Dialog getreten, um WegbegleiterInnen zu finden, die mich zur kreativen Hoffnung bewegen.[54] Ihre Gottessuche konkretisiert sich im Entfalten von Heilmethoden und Musik, in Widerstandsformen, in kraftvollen inneren Bildern, in Poesie ... Sie zeigen uns, dass in Kunst und Kultur die Spuren Gottes zu entdecken sind – in einer kritischen Haltung dem kommerziellen Aspekt gegenüber. Da wo Menschen phantasievoll ausdrücken, was einer Mehrheit noch nicht bewusst ist, wo Lebensfreude in Spielen und Ritualen[55] sich äußert, kann uns bewusst werden, wie sehr unser Leben doch mehr ist als Leistung allein.

Martin Luther King ist ein Beispiel, wie die Verwurzelung in Christus hoffen und glauben lässt, aller Ungerechtigkeit zum Trotz:

Ich besitze die Kühnheit zu glauben, dass Völker allerorten täglich drei Mahlzeiten für ihren Körper, Erziehung und Kultur für ihren Verstand und Würde, Gleichheit und Freiheit für ihren Geist haben können. Ich glaube, dass auf den anderen ausgerichtete Menschen wiederaufbauen können, was auf sich selbst ausgerichtete Menschen zerstört haben ... Dieser Glaube kann uns den Mut verleihen, den Unsicherheiten der Zukunft ins Angesicht zu sehen. Er wird unseren müden Füßen neue Kraft geben, wenn wir weiter auf die Stadt der Freiheit zuschreiten. Wenn unsere Tage durch tief hängende Wolken traurig und unsere

Nächte dunkler als tausend Mitternächte werden, dann wissen wir, dass wir in dem schöpferischen Aufruhr leben, in dem eine echte Kultur unter Kämpfen geboren wird.[56]

Spirituelle Alltagsübungen

■ *Aus meiner Mitte mein Leben gestalten*

Noch nie hatten wir so viele Möglichkeiten uns zu entfalten. Diese Vielfalt wird für viele zur Überforderung, weil sie durch Werbung sehr gesteuert werden können. Bei der Entscheidung, was meine Aufgabe in dieser Welt ist, achte ich auf das »innere Feuer« in mir. In meiner Kreativität, da wo die Arbeit nicht ständig ein MUSS ist, komme ich mir und zugleich Gott nahe. So kann ich mich zum Wohle der Gemeinschaft einsetzen. Auch um den großen Zwängen und Lähmungen unserer wirtschaftlichen Situation gerade angesichts der steigenden Arbeitslosigkeit nicht resignativ zu verfallen, kann es notwendig werden sich zu besinnen, was in einer Krisensituation durch meine Kreativität leben möchte und wo ich bereit bin, auch auf Materielles zu verzichten, weil mir dadurch mehr Lebensqualität geschenkt wird.

■ *Verbundenheit über den Tod hinaus wachhalten*

Im künstlerischen Ausdruck atmet oft der Geist Gottes, der Kulturen und Religionen verbindet. In Konzerten, Ausstellungen, Theater und Kinoaufführungen wird mir ermöglicht diese hoffnungsstiftende Verbundenheit auch über den Tod hinaus zu erleben:

– Das Grab einer Dichterin, eines Dichters besuchen und sich selber oder anderen einige Gedichte vorlesen und die Lebendigkeit künstlerischen Tuns über den Tod hinaus wahrnehmen.
– Zu Hause einen künstlerischen Abend gestalten: einander jene Texte oder Bilder vorstellen, die einen aufwühlen, ermutigen, berühren. Einander Lieder vorsingen, die uns jeweils gut tun.
– In meditativen Kreistänzen kann ich die Verbundenheit mit verschiedenen Kulturen und Religionen mit Leib und Seele ausdrücken.

■ *Mut sich auszudrücken*

Im heilenden Umgang stellte Jesus nicht zufällig Menschen in die Mitte, um ihnen Ansehen zu verleihen. Innere Heilung kann *ich* erfahren, wenn ich zu meinen gemalten Bildern, meinen Photographien, meinen Gedichten, meinem Musizieren, meinem Basteln, meinem Singen stehe, wenn ich die Ergebnisse alleine oder mit andern ausstelle, etwas vorführe (zu einem öffentlichen Anlass zum Beispiel).

■ *Selber kreativ werden*

Freundin Geist lebt in jeder und jedem von uns, besonders auch in der Kreativität, dem phantasievollen Gestalten. Was wollte ich schon als Kind immer tun und habe es vernachlässigt, gar nie kultiviert? Alleine oder im Freundeskreis lasse ich mich inspirieren, wie ich nicht nur konsumieren, sondern selber kreativ werden kann:

– Zum Geburtstag eines Menschen nehme ich mir Zeit, um kreative Ideen zu entwicklen, um humor- und liebevoll ein lustiges Geschenk entstehen zu lassen.

- Ich richte mir im Zimmer, in der Wohnung eine Lese-, Café- oder Kreativitätsecke ein, wo ich andere empfangen kann.
- Beim Spazieren entdecke ich ein leeres Schneckenhaus, Moos, Baumstammreste, Wurzeln, die mich anregen können für den Tisch etwas Originelles zu gestalten.
- Im Familien- und Freundeskreis entwickle ich eine Festkultur, wo zum Beispiel auch Menschen anderer Kulturen eingeladen werden, wo Abschiede, Geburtstage, neue Lebensphasen kreativ gefeiert werden. Wenn wir unserer Intuition trauen, bedarf es meist gar nicht viel an Organisation.

Weg-Gebet

Christus
du verheißt uns Leben in Fülle
im Genießen unserer Kreativität
im fairen Aushalten von kulturellen Verschiedenheiten
im phantasievollen Ausdrücken unserer Hoffnung
im Lachen und Weinen

Christus
du erinnerst uns an die Quelle
die in uns sprudelt
im Entdecken unserer spielerischen Kräfte
im unbequemen Widerstand für eine Kultur der Zärtlichkeit
im Hineintauchen in unsere schöpferischen Möglichkeiten
im Aufstand für ein gerechteres Miteinander

Christus
du lebst in uns
im achtsamen Wahrnehmen unserer Aufgabe
im tanzenden Ausdrücken unserer Lebensfreude
im schweigenden Staunen
im Teilen von Brot und Rosen

Gedicht

NIEMAND SUCHT AUS

Man sucht sich das Land seiner Geburt nicht aus,
und liebt doch das Land, wo man geboren wurde.

Man sucht sich die Zeit nicht aus, in der man die Welt betritt,
aber muss Spuren in seiner Zeit hinterlassen.

Seiner Verantwortung kann sich niemand entziehen.

Niemand kann seine Augen verschließen, nicht seine Ohren,
stumm werden und sich die Hände abschneiden.

Es ist die Pflicht von allen zu lieben,
ein Leben zu leben,
ein Ziel zu erreichen.

Wir suchen den Zeitpunkt nicht aus, zu dem wir die Welt betreten,
aber gestalten können wir diese Welt,
worin das Samenkorn wächst,
das wir in uns tragen.

Gioconda Belli[57]

12. Der Verwandlung trauen

Wir, die ja nach Gott gleich sind, aber scheinbar nach uns immer anders...«, schreibt mir der 18jährige Marino tiefsinnig. Ich entdecke darin eine unserer Grundspannungen: sich annehmen können, als die/der wir sind, dennoch von uns selber keine falschen Idealbilder machen und uns zugleich Verwandlung zutrauen. *Verwandlung* ist für mich in den letzten Jahren zu einer zentralen spirituellen Grundhaltung geworden. Der Verwandlungskraft eines jeden Menschen trauen hat zutiefst persönliche und höchst politische Wirkungen. Denn das »Ziel des Menschen ist die ewige Verwandlung, das Transparentwerden für das göttliche Sein«[58]. Oft stehen wir uns selber dabei im Wege, mehr Mensch zu werden, mehr unsere Fähigkeiten und Grenzen zu integrieren. Dies geschieht immer dann, wenn wir grundsätzlich *ganz* anders werden wollen, was eigentliche Verwandlung verunmöglicht. Verwandlung ist angewiesen auf ein wohlwollendes Sein-Dürfen. Im Feiern der Sakramente kommt dies zum Ausdruck. Zuerst gilt uns Gottes Zuspruch – vor allem Anspruch. Abbild Gottes zu sein, ist das Verbindende unter allen Menschen. Diese Zusage verheißt uns, unsere Ohnmacht in Hoffnung, unsere Angst in Selbstvertrauen, unsere Aggressionen in Versöhnung verwandeln zu lassen: keine Patentrezepte, keine »Instantlösungen« für alle Situationen, sondern einzig die Zusage, in sich selber die Lebenskraft zu fördern, auch im Integrieren meiner dunklen Seiten. Dazu brauchen wir BegleiterInnen, die uns zutrauen und zusprechen, was wir längst in uns vergraben haben, weil wir uns zu oft mit andern vergleichen und uns an ihrem Maßstab messen.

In der Verheißung der Verwandlung liegt der Schlüssel zu unserer Individuation. Ein schmerzvoll-befreiender Prozess, der nicht ohne Scheitern und Abgrenzung gelingt, wie Helene Hoerni-Jung am Beispiel des Petrus verdeutlicht:

Immer beginnt der eigene Weg mit dem Anprall, dem So-nicht-mehr-weiter-Können. Denken wir vergleichsweise an die Entwicklung des Künstlers: Nicht der, der seinen Meister fehlerlos kopiert, ist der begabteste Künstler, sondern der, der sich zur richtigen Zeit vom Meister zu trennen weiß und seine eigene Sprache findet. Die Trennung ist für beide schwer zu ertragen und wirft in beiden zu Recht die Schuldfrage auf. Es findet Verleugnung statt; sie geschieht aber im Sinne der Individuation. Wie wir wissen, gibt es keine Individuation ohne Schuld. Nur der selber schuldige Mensch kann die Schuld eines anderen verstehen und verzeihen. Petrus steht im Brennpunkt des ethischen Konfliktes, gekreuzigt zwischen der Treue zum Meister und der Verpflichtung zur eigenen Aufgabe, zum eigenen Weg ... Im selben Augenblick da Petrus verleugnet, weckt ihn der Hahn, und Jesus wendet sich ihm zu. Ein Aufmerksamkeit verlangendes und ergreifendes Simultangeschehen! Wie Balsam in eine Wunde träufelt, so wollen mir die Tränen scheinen, die Petrus nun weint. Könnte es sein, dass etwas in ihm heilend durchbricht? Dass das einst Minderwertige sich unversehens zum Vollwertigen gewandelt hat? Dass sich ihm endlich der Zugang zu seiner verachteten weiblichen Seite öffnet? Wir könnten auch sagen, dass mit den Tränen in subtilster Weise angedeutet sei, dass jetzt die innere Quelle fließt.[59]

In diesem Prozess der Selbstwerdung ereignet sich die Geburt Gottes in unserer Seele: eine Verpflichtung, jedem Menschen Scheitern und Verwandlung zuzugestehen. Oder, wie es Anne Frank kurz vor ihrem Tod in eindrücklicher Einfachheit sagt: »Und trotz allem glaube ich an das Gute im Menschen.«

Biblische Vertiefung

Im uralten Text im Buche Numeri finde ich, was mit Verwandlung gemeint ist. Da wird erzählt, wie Menschen in ihren › Wüstenerfahrungen‹ von Schlangen gebissen wurden. (Der Text spricht davon, dass Gott sie schickte. Doch dieses Gottesbild ist zu befragen!) Anstatt nun die Schlangen zu meiden, wird uns tiefsinnig eine andere Spur aufgezeigt: »Gott sagte zu Mose: Mach dir eine Schlange, und hänge sie an einer Fahnenstange auf! Jeder, der gebissen wird, wird am Leben bleiben, wenn er sie ansieht. Mose machte also eine Schlange aus Kupfer und hängte sie an einer Fahnenstange auf. Wenn nun jemand von einer Schlange gebissen wurde und zu der Kupferschlange aufblickte, blieb er am Leben« (Numeri 21,8-9).

Wenn ich etwas in mir verwandeln lassen will, so muss ich es zuerst anschauen. Dabei kann ich lernen, zu mir zu stehen, auch zu meinen Schattenseiten. Sie dürfen von nun an zu mir gehören; ich kann täglich einüben, sie anzuschauen und sie verwandeln zu lassen. Diese Grundhaltung kommt auch zum Tragen, wenn sich uns körperliche Grenzen durch Krankheit und Behinderung zumuten. Was immer für Gefühle sich da in uns breitmachen, sie sind not-wendig, um Schweres annehmen zu können, in der Hoffnung, Heilung zu erfahren und Sterben einzuüben.

Verwandlung führt mich zur Sehnsucht, echte Versöhnung zu erfahren: Versöhnung mit mir selber, mit meiner Geschichte, mit meinen durchkreuzten Hoffnungen; Versöhnung mit Menschen, die mich verletzt haben, mich unterdrückt haben; Versöhnung mit Gott, der mir und jedem Menschen Versöhnung zuspricht: »Da trat Petrus zu Jesus und fragte: Wie oft muss ich meinem Bruder vergeben, wenn er sich gegen mich versündigt? Siebenmal? Jesus sagte zu ihm: »Nicht siebenmal, sondern siebenundsiebzigmal« (Matthäus 18,21-22).

Mystische Vertiefungen

Alle Menschen nennen eine innere Kammer ihr eigen. Im Innern jedes menschlichen Wesens gibt es einen Raum, einen ganz persönlichen Bereich, zu dem nur Gott Zutritt hat. Aber die meisten Menschen ignorieren das Vorhandensein dieses innersten Raumes, und darum ist ihr Herz leer und ohne Liebe ... Der Mensch wurde für die Liebe geschaffen, einzig geschaffen, um seinen Schöpfer zu lieben. Und alle Zeit, die er nicht dieser Liebe widmet, ist vertane und vergeudete Zeit. Gott ist dieses innerste Gefühl der Einsamkeit in uns und das Wissen, dass es einen Gefährten gibt, der uns von Geburt an begleitet. Und er ist tief in unserer Seele. Dort wo die Träume wohnen, in den Tiefen der Persönlichkeit, die sich keinem mitteilen ...

schreibt der Dichter und Priester Ernesto Cardenal[60]. Im all-täglichen Eintreten in diesen inneren Raum, liegt die Chance zur stetigen Verwandlung. Denn Gott ist im Wesen des Menschen gegenwärtig oder wie Dorothee Sölle es nach Sören Kierkegaard sagt: »Die größte Vollkommenheit des Menschen ist sein tiefster Mangel: Gottes zu bedürfen.« In der Menschwerdung Gottes wird diese Verwiesenheit, dieses Bedürfen sichtbar und bleibt für immer in der Menschwerdung eines jeden Menschen gegenwärtig. Verwandlung geschieht in Bethlehem, Dorothee Sölle erzählt davon:

Weihnachten führt dann die Geschichte, die in der Schöpfung begonnen hat, fort. Dort wird erzählt, wie Menschen das Gesicht Gottes bekommen haben und ihm ähnlich sehen. Weihnachten wird erzählt, dass Gott sich nicht nur nicht scheute, sein Gesicht zu verlieren, weil er es uns gab, sondern dass er auch unser Schicksal teilen wollte – unsere Hinfälligkeit, unser Ausgeliefertsein an die barmherzigen Ochs und Esel, an Kälte und Wind, an andere Menschen und ans Sterben. Alles dieses, was wir tun und erleiden, geboren werden, keinen Platz haben, leiden und sterben, bekommt in dieser Geschichte eine Würde und einen Rang, von dem

Menschen außerhalb der Erfahrung Christi nur zu träumen wagen, eben den höchsten. In diesem Kind sind alle Kinder gleichberechtigt und mit der gleichen Chance des ewigen, des wahren Lebens erfüllt. Dass Gott immer wieder Mensch wird, heißt für das Leben jedes Menschen Absolutheit. Geboren werden und Kinder bekommen, arbeiten und essen, weinen und lachen, lieben und sterben bekommen einen Rang, eine Wichtigkeit, einen Ernst, der den Gegnern des Christentums immer lächerlich erschienen ist ... Gott wird immer wieder Mensch, das bedeutet, dass menschliches Leben nicht dem Zufall, der Banalität oder den Planungsbüros einfach ausgeliefert ist, weil wir in jedem Menschen Gott, wenn nicht erkennen, so doch glauben.[61]

Diesen Glauben im Alltag konkret werden zu lassen, geschieht im Trauen auf Verwandlung. Rituale weisen uns die Spur, um solch eine Spiritualität im Alltag leben zu können.

Spirituelle Alltagsrituale

■ *Verwandlung in der Schöpfung meditieren*

– Ich verfolge im Frühling das Heranwachsen einer Löwenzahn-Blume über längere Zeit. Ich »sauge« das kraftvolle Gelb in mir auf. Ich entdecke, wie nach einer gewissen Zeit die Blütenblätter sich wieder schließen, umhüllt von den grünen Knospenblättern. Dann geschieht die Verwandlung und die weißen Flugkörper geben der Blume ein neues Aussehen.
– Kraftspendend ist für mich die Beobachtung der wilden Reben an unserer Klostermauer. Im Winter sind die Ästchen so unscheinbar, verdorrt und wie für immer abgestorben. Unglaublich, wie daraus kraftvolle grüne Blätter entstehen, die im Herbst die ganze Wand voller Farbenpracht aufscheinen lassen.

Diese Gleichnisse aus der Natur helfen mir das Grundgeheimnis von Tod und Auferstehung auch in meinem Leben zu verinnerlichen.

■ *Zu meinem Schatten stehen*

Da wo Licht ist, ist auch Schatten. Eine tiefe Lebensweisheit, mich als schuldigen, scheiternden Menschen anzunehmen. Wenn die Angst vor dem Nichtgenügen, dem Liebesverlust mich einholt, vergegenwärtige ich mir, wie sogar Jesus Menschen enttäuscht hat und wie sein Auftrag vordergründig gescheitert ist. Tiefgründig hat er durch seine Solidarität die Spirale der Gewalt und der Angst durchbrochen. Die Angst wird verwandelt in Vertrauen, wenn alle negativen Gefühle auch zu unserem Leben gehören dürfen. Ich versuche sie anzuschauen, wahr-zunehmen, denn nur so können sie verwandelt werden.

– Einem Menschen, der manchmal zu hohe Ansprüche an sich selber hat, ist es hilfreich, sich im täglichen Innehalten und bewussten Wahrnehmen seines Atmens zu vergegenwärtigen, dass er/sie als scheiternder Menschen bestehen darf.
– Ich schreibe eine gewisse Zeit an meine Tür »Ich darf auch scheitern!« oder »Ich nehme mich mit meinen Grenzen an!« oder »Ich mache wie alle Menschen auch Fehler ... kann an ihnen wachsen und reifen.«.

■ *Mandalas gestalten*

Im Malen von Mandalas kann ich meine Sehnsucht nach Ganz- und Heilwerden ausdrücken. Der Weg dazu führt durch die Kraft der Verwandlung. Ich lasse mich von einem der Büchlein von Bruno Dörig[62] inspirieren, um selber Mandalas zu zeichnen; und/oder ich kaufe die Anregungen und Malvorlagen von Gerda und Rüdiger Maschwitz[63], um z.B. auch in der Familie dieses meditative Malen einzuführen.

■ *Träume zu mir sprechen lassen*

»Träume auf dem geistlichen Weg«[64] helfen mir, das in mir anzunehmen, was ich lieber nicht wahrhaben will. Gott kann auch in
Träumen zu mir sprechen und mir da Verwandlung zugestehen. In
vielen biblischen Erzählungen erfahren Menschen in ihren Träumen,
wie sich ihnen neue Perspektiven eröffnen.

– Ich besuche ein Traumseminar, um mich zu sensibilisieren, meine
  Träume bewusster wahrzunehmen.
– Ich lege ein Traumbuch neben mein Bett, damit ich die Träume
  nachts, wenn ich aufwache, aufschreiben kann. Falls ich mich
  selten an Träume erinnere, stimme ich mich vor dem Einschlafen
  über längere Zeit mit folgendem Gedanken ein: »Ich werde mich
  an meine Träume erinnern.«
– In einer begleitenden Gesprächssituation erzähle ich einen mar-
  kanten Traum und suche nach Deutungshilfen.

Weg-Gebet

Hoffnung auf Verwandlung
Hass in Versöhnung
Ohnmacht in Zuversicht
Gier in Teilen
Verkrampftheit in Zärtlichkeit
lebt in mir

Im Entdecken
der göttlichen Quelle in mir
sei mein Vertrauen in deine Verheißung

Verwandle mich Gott
rühre mich an mit deiner Segenskraft
sprich mir alltägliches Gutes zu
damit du in mir weiterträumen kannst
wie verhärtete Beziehungen
auswegslose Momente
in Hoffnungsschritte münden

Verwandle unser Zusammensein
stifte uns an zur Lebensfreude
die zum Grund des gegenseitigen Respektes
und des phantasievollen Teilens wird

Verwandle unsere Mitwelt
durch unsere ökologische Achtsamkeit
in einen Lebensgarten
wo jede und jeder sich erholen kann
damit jeder Mensch seine Würde neu entdeckt

Hier und Jetzt
durch dich
du verwandelnder Lebensatem. Amen.

Gedicht

dann sitze ich da
und werfe mit Steinen
und mit Vasen
und werfe mit hartem Brot
atemlos
und
taub

nur
später
bei euch vielleicht
hör ich die Steine singen
und seh die Vasen tanzen
und riech das Brot
später vielleicht
stehe ich auf
und umarme meine Wut
und meine Traurigkeit
und meine Angst
und umarme atmend meinen Schatten
und such das Licht

Thomas Jenelten[65]

Abbaye de Fontaine-André:
ein Ort, um Spiritualität im Alltag einzuüben

Wenn Sie einige Gedanken dieses Buches angesprochen haben und Sie einen Ort suchen, wo Sie spirituelle Alltagsübungen vertiefen möchten, so seien Sie in unserem »offenen Kloster«, das dem Orden der »Frères des Ecoles Chrétiennes« gehört, herzlich willkommen. An diesem Ort der Begegnung und der Stille erwartet Sie:

– In Einzelbesinnungstagen können Sie nach Vereinbarung einige Tage der Stille verbringen und in Begleitung Bestärkung für einen spirituellen Weg im Alltag finden.

– Als Dauergast können Sie für einige Monate eine Sabbat-Zeit gestalten und neben persönlicher Begleitung 3 Stunden am Tag mitarbeiten.

– Junge Erwachsene, die in einer Umbruchsituation sind, können als Permanent(e)s mindestens während drei Monaten 6 Stunden am Tag mit uns mitarbeiten. Sie werden persönlich begleitet und erhalten ein kleines Taschengeld.

– In unserer Lebensgemeinschaft wohnen und arbeiten Frauen und Männer aus drei Generationen zusammen. Was uns trägt ist das Engagement für ein geschwisterliches Leben: das Angenommen-Sein-wie-ich-bin, das Gebet, die gemeinsame Arbeit, die Konflikt-bereitschaft...

Weitere Informationen erhalten Sie schriftlich bei:

Pierre Stutz
Abbaye de Fontaine-André
CH-2009 Neuchâtel

ANMERKUNGEN

Alle nicht mit Namen ausgewiesenen Gebete stammen von Pierre Stutz.

1   Dorothee Sölle, Die Hinreise. Zur religiösen Erfahrung. Texte und Überlegungen, Stuttgart 1975, 172.

2   Zit. nach Erika Lorenz, Praxis der Kontemplation. Die Weisung der klassischen Mystik, München 1994, 65.

3   Rainer Maria Rilke, Werke in drei Bänden. Gedicht-Zyklen, Bd. 1, Frankfurt a.M. 1966, 95.

4   Anselm Grün, Wege zur Freiheit. Geistliches Leben als Einübung in die innere Freiheit, Münsterschwarzach 1996, 67.

5   Vgl. Rainer Maria Rilke, Briefe an einen jungen Dichter, Frankfurt a.M./Leipzig [40]1992.

6   Dorothee Sölle, Phantasie und Gehorsam. Überlegungen zu einer künftigen christlichen Ethik, Stuttgart [10]1983, 61.63.

7   Erica Brühlmann-Jecklin, Das Schweizerkreuz nicht mehr ertragen. Die Flüeli-Ranft-Flüchtlinge und ihre VersteckerInnen im Jubeljahr 1991, Basel 1994, 136.

8   Mahatma Ghandi, Handeln aus dem Geist, Freiburg i.Br. (Herderbücherei Texte zum Nachdenken: 632) 1977, 119.

9   Johannes vom Kreuz, Empor den Karmelweg, Einsiedeln-Trier [4]1989, 47.

10   Pierre Stutz, Du hast mir Raum geschaffen. Psalmengebete, München [3]1997, 35.

11   Rose Ausländer, Wieder ein Tag aus Glut und Wind. Gedichte 1980-1982, © S. Fischer Verlag GmbH, Frankfurt a.M. 1986.

12   Thomas Merton, Meditationen eines Einsiedlers. Über den Sinn von Meditation und Einsamkeit, München (Goldmann Tb 12032) 1989, 197.122.

13 Dorothee Sölle, Das Fenster der Verwundbarkeit. Theologisch-politische Texte, Stuttgart 1987, 64-65.

14 Hilde Domin, Gesammelte Gedichte, © S. Fischer Verlag, Frankfurt a.M. 1987, 113.

15 Dorothee Sölle, Es muss doch mehr als alles geben. Nachdenken über Gott, Hamburg 1992, 59.

16 Helene Hoerni-Jung, Vom inneren Menschen. Ikonen des göttlichen Sohnes, München 1995, 37-38.

17 Hildegard von Bingen, hrsg. und eingel. von Heinrich Schipperges, Olten 1983, 161-162. – Eine hervorragende Einführung zum Werk der Hildegard findet sich bei: Otto Betz, Hildegard von Bingen. Gestalt und Werk. Mit einem Beitrag von Felicitas Betz, München [2]1997.

18 Dorothee Sölle, Fliegen lernen. Gedichte, Berlin 1979, 35.

19 Thich Nhat Hanh, Lächle deinem eigenen Herzen zu. Wege zu einem achtsamen Leben, Freiburg i.Br. 1995, 72.

20 Dorothee Sölle, lieben und arbeiten. Eine Theologie der Schöpfung, Stuttgart 1985, 188.200.

21 Teresa von Avila, hrsg., eingel. und übers. von Ulrich Dobhan, Olten 1983, 72.

22 Anselm Grün/Andrea Schwarz, Und alles lassen, weil Er mich nicht lässt. Lebenskultur aus dem Evangelium, Freiburg i.Br. 1995, 97.

23 Zit. nach Anton Rotzetter, Klara und Franziska. Bilder einer Freundschaft, Freiburg/Schweiz 1993, 49.

24 Pablo Neruda, Letzte Gedichte. Das posthume lyrische Werk, Luchterhand Literaturverlag, München 1993, 161.

25 Dorothee Sölle, Sympathie. Theologisch-politische Traktate, Stuttgart 1978, 32.

26 Edith Stein, Im verschlossenen Garten der Seele, Freiburg i.Br. (Herderbücherei Texte zum Nachdenken 1359) 1987, 61.117.

27 Dorothee Sölle, Es muss doch mehr als alles geben, a.a.O., 131.

28 Nelly Sachs, Gedichte, © Suhrkamp Verlag, Frankfurt.

29 Vgl. Anselm Grün/Meinrad Dufner, Spiritualität von unten, Münsterschwarzach 1994.

30 Meister Eckehart, Deutsche Predigten und Traktate, Zürich 1979, 13.

31 Francisco de Osuna, ABC des kontemplativen Betens, hrsg. von Erika Lorenz, Freiburg i.Br. 1994, 123-124.

32 Dorothee Sölle im Gespräch, hrsg. von Theo Christiansen und Johannes Thiele, Stuttgart 1988, 70.

33 Catarina Carsten, Nicht zu den Siegern, Wien 1994, 40.94.

34 Dorothee Sölle, Gott denken. Einführung in die Theologie, Stuttgart 1990, 127.

35 Teilhard de Chardin, Das göttliche Milieu, Olten [8]1979, 51-52.

36 Dorothee Sölle, Gegenwind. Erinnerungen, Hamburg 1995, 312.

37 Erich Fried, Warngedichte, © 1964 Carl Hanser Verlag, München-Wien.

38 Johann Baptist Metz, Eingedenken fremden Leids, in: Katechetische Blätter 122 (1997) 82.

39 Dietrich Bonhoeffer, Widerstand und Ergebung, München [10]1978, 18.19.

40 Simone Weil, Aufmerksamkeit für das Alltägliche. Ausgewählte Texte zu Fragen der Zeit, München 1987, 66.67.

41 Dorothee Sölle, Wählt das Leben, Stuttgart 1980, 81.

42 Pierre Stutz, Du hast mir Raum geschaffen, a.a.O., 11.

43 Cristy Orzechowsi, Mit gebückter Feder. Lyrische Texte aus dem Leben und Leiden in Lateinamerika, Luzern 1992, 60.

44 Matthew Fox, Der große Segen. Umarmt von der Schöpfung, München 1991, 15.

45 Hildegard von Bingen, a.a.O., 154.

46 Mechthild von Magdeburg, »Ich tanze, wenn du mich führst«, Freiburg i.Br. (Herderbücherei Texte zum Nachdenken 1549) 1988, 72.

47 Saint Jean-Baptiste de la Salle, Méditations, Paris 1981, 138.

48 Martin Buber, Ich und Du, Heidelberg [11]1983, 99.

49 Dorothee Sölle, Stellvertretung. Ein Kapitel Theologie nach dem »Tode Gottes«, Stuttgart 1982, 173.

50 Anselm Grün/Gerhard Riedl, Mystik und Eros, Münsterschwarzach 1993, 96.

51 Paul Celan, Mohn und Gedächtnis, © 1952 Deutsche Verlags-Anstalt GmbH, Stuttgart.

52 Dorothee Sölle, Leiden, Stuttgart [3]1976, 164-165.

53 Claus Eurich, Die Kraft der Sehnsucht. Kontemplation und Ökologisches Engagement, München 1996, 49.

54 Vgl. Pierre Stutz/Andreas Benjamin Kilcher, Vom Unbegreiflichen ergriffen. Mystische Lebenserfahrungen, Luzern/Stuttgart 1993.

55 Vgl. Anselm Grün, Geborgenheit finden – Rituale feiern. Wege zu mehr Lebensfreude, Stuttgart 1997. Besonders die zwölf charakteristischen Merkmale von christlichen Ritualen: 145-156.

56 Martin Luther King, Der Traum vom Frieden. Texte zur Orientierung, Gütersloh 1993, 38-39.

57 Gioconda Belli, Wenn du mich lieben willst, Peter Hammer Verlag, Wuppertal 1993.

58 Anselm Grün, Eucharistie und Selbstwerdung, Münsterschwarzach 1990, 55.

59 Helene Hoerni-Jung, Unbekannter Petrus. Schlüssel zum Menschsein, München 1997, 153-154.157.

60 Ernesto Cardenal, Das Buch von der Liebe. Peter Hammer Verlag, Wuppertal, Neuauflage 1991.

61 Dorothee Sölle, Das Recht ein anderer zu werden. Theologische Texte, Stuttgart 1981, 13.

62 Vgl. Bruno Dörig, Schenk dir ein Mandala, Heft 1, 2, 3, Verlag am Eschbach.

63 Gerda und Rüdiger Maschwitz, Aus der Mitte malen – heilsame Mandalas. Anregungen für Kinder, Jugendliche und Erwachsene. Mit 20 Malvorlagen, München [4]1997. Neuerdings auch: Diess., Neue Mandalas – aus der Mitte wachsen. Mit 23 Malvorlagen, München 1998.

64 Vgl. Anselm Grün, Träume auf dem geistlichen Weg, Münsterschwarzach 1989.

65 Thomas Jenelten, Den Schatten umarmen. Gedichte, Dendron Verlag, CH-1589 Chabrey 1990/1997.

Wege zur inneren Quelle

Alltagsrituale – die CD

Pierre Stutz spricht Meditationen.

Die hilfreiche Ergänzung zum Buch.

Laufzeit: 60 Minuten
Bestell-Nr.: 3-466-45730-0

Zu den zwölf Wegen seines erfolgreichen Buches spricht Pierre Stutz hinführende Meditationen. Er gibt spirituelle Impulse, die Vorschläge des Buches im Alltag fruchtbar werden zu lassen. Begleitet und unterbrochen werden die einzelnen Meditationen von sensibler Gitarrenmusik.

KÖSEL

Kraftquellen für den Alltag

Pierre Stutz
Heilende Momente
Gebärden – Rituale –
Gebete
158 Seiten. Kartoniert
ISBN 3-466-36557-0

Mitten im Leben: leicht nachvollziehbare Gebärden und Rituale.

Gebete, die uns heilend berühren.

NEU!

»Die Kraft des Heilens wird erfahrbar in vielen unscheinbaren Gegebenheiten, im Mut, mehr aus der Mitte, aus Gott heraus das Leben zu gestalten. In dieser Grundhaltung sind die Rituale, Gebete und Gebärden dieses Buches entstanden. Sie sind aus dem Leben gewachsen, vor allem aus meiner spirituellen Begleitungs- und Kurstätigkeit. Sie laden die Leserin, den Leser je nach persönlicher Situation zum Auswählen, Verweilen und Vertiefen ein. – Rituale und Gebete hineingesprochen in den Alltag: als Ermutigung, in Beruf und Freizeit, alleine und in Gemeinschaft, bewusst einen spirituellen Weg zu gehen. Sie wollen uns bestärken, der heilenden Dimension unserer Religion mehr zuzutrauen.«
Pierre Stutz

KÖSEL